中山大学心理学系 / 主办

Chinese Social Psychological Studies . Vol. 1

中国社会心理研究

(第一辑)

佐 斌 主编

中国社会科学出版社

图书在版编目(CIP)数据

中国社会心理研究. 第一辑 / 佐斌主编. —— 北京：中国社会科学出版社,
2023.8
ISBN 978 - 7 - 5227 - 2508 - 6

Ⅰ.①中… Ⅱ.①佐… Ⅲ.①社会心理学 Ⅳ.①C912.6 - 0

中国国家版本馆 CIP 数据核字(2023)第 155056 号

出 版 人	赵剑英
责任编辑	朱华彬
责任校对	谢 静
责任印制	张雪娇

出　　版	中国社会科学出版社
社　　址	北京鼓楼西大街甲 158 号
邮　　编	100720
网　　址	http://www.csspw.cn
发 行 部	010 - 84083685
门 市 部	010 - 84029450
经　　销	新华书店及其他书店

印刷装订	北京君升印刷有限公司
版　　次	2023 年 8 月第 1 版
印　　次	2023 年 8 月第 1 次印刷

开　　本	710×1000　1/16
印　　张	14.75
插　　页	2
字　　数	177 千字
定　　价	88.00 元

凡购买中国社会科学出版社图书，如有质量问题请与本社营销中心联系调换
电话：010 - 84083683
版权所有　侵权必究

《中国社会心理研究》编辑委员会

指　　导　中国社会心理学会
主　　办　中山大学心理学系
顾　　问　乐国安（南开大学）
　　　　　周晓虹（南京大学）
　　　　　许　燕（北京师范大学）
　　　　　莫　雷（华南师范大学）

主　　编　佐　斌（中山大学）
编　　委　（按拼音排序）
　　　　　陈雪峰（中国科学院）
　　　　　崔丽娟（华东师范大学）
　　　　　戴健林（华南师范大学）
　　　　　方　文（北京大学）
　　　　　高申春（吉林大学）
　　　　　耿柳娜（南京大学）
　　　　　管　健（南开大学）
　　　　　郭秀艳（复旦大学）
　　　　　黄敏儿（中山大学）
　　　　　李　桦（中山大学）

刘　力（北京师范大学）

王俊秀（中国社会科学院）

温芳芳（华中师范大学）

辛自强（中国人民大学）

赵玉芳（西南大学）

张晓斌（陕西师范大学）

主编助理　何凌南　朱睿达

秘　　书　莫　樊　朱澄铨

目 录

《中国社会心理研究》发刊词 ………………………… 001

· 理论新探 ·

新时代社会心理建设的人民向度 …………… 佐 斌 / 005
社会心理学的理性底色与情怀温度 ………… 张建新 / 018
社会心理研究的现实思维和现象思维 ……… 辛自强 / 030
善恶人格的中国文化构建理论及
　研究思考 …………………………… 焦丽颖　许 燕 / 050

· 社心观察 ·

社会心态研究视角下的心态秩序建设 ……… 王俊秀 / 064
增进中华民族共同性的心理路径 …………… 管 健 / 074
中国人的情绪调节及社会分享 ……………… 黄敏儿 / 082
"余香效应"：利他行为自激励过程的
　机制与思考 ………………………… 谢晓非　娄 宇 / 096

· 研究报告 ·

被滞留的花朵：留守儿童社会适应的现状、
　思考与对策 ………………………… 崔丽娟　赵 桐 / 106

中国人的动物刻板印象及热情
　　优先效应……… 佐　斌　张天然　温芳芳　林云涛 / 130

· 青年论坛 ·

老年人社会心理的研究与展望………………… 陆敏婕 / 166
人以群分：社会分类及作用………………… 温芳芳 / 177
儿童青少年的情绪社会化…………………… 丁如一 / 188
跨文化视角下的社会心理本质主义………… 徐以安 / 203

Content and Abstract ………………………………… 213

《中国社会心理研究》征稿启事 ……………… 226
《中国社会心理研究》投稿文章格式 …………… 228

《中国社会心理研究》发刊词

《中国社会心理研究》第一辑正式出版了。作为一本社会心理学领域的学术期刊，本刊致力于为社会心理学、心理学、社会学及相关学科的学习者、研究者、实践者及社会公众提供一个交流思想、分享成果的平台，为推动中国社会心理学的发展、助力中国式现代化做出一份贡献。

社会心理学关注社会中人的心理与行为的研究及实践，探索人在社会中的心理存在与价值意义。心理学在学科性质上兼具自然科学和社会科学属性，但社会心理学具有更为鲜明的人文社会科学属性。2016年，习近平总书记在哲学社会科学工作座谈会上指出，"要加快完善对哲学社会科学具有支撑作用的学科，如哲学、历史学、经济学、政治学、法学、社会学、民族学、新闻学、人口学、宗教学、心理学等，打造具有中国特色和普遍意义的学科体系"。心理学属于对哲学社会科学具有支撑作用的学科，这种支撑很大程度缘于社会心理学的独特作用。

心理学研究对象是社会中的人，是生活在特定社会情境中的人。社会心理研究不能脱离社会历史文化与现实背景。改革开放以来，中国社会发生了翻天覆地的变化。当前，中国特色社会主义进入新时代，党的二十大提出了全面建设社会主义现代化国家、全面推进中华民族伟大复兴的战略目标。中国的改革开放和高质量发展过程中，人们的思想观念、价值取向、情感态度、生活方式等方面发生着深刻的变化。观察和探索这些变化及其对中国社会发展、对中国人的影响，是中国社会心理研究的重要内容和必然要求。

为推进国家治理体系和治理能力现代化，近年来我国开展了社会心理服务体系建设试点工作，培育自尊自信、理性平和、积极向上的社会心态成为中国社会心理建设的综合实践。社会心理服务体系建设的全面展开，为我国社会心理学工作者提供了丰富的应用课题。

新时代中国社会心理研究要面向中国问题，立足中国大地，为中国社会发展、中国人的幸福提供理论和方法支撑。除了注重实证研究和数据分析外，社会心理研究应该体现思想性。研究成果不能只是数据统计模型和"脑电图"，应该产出观点，让人看得懂。只有这样，社会心理学才能更好地理解人类社会行为的本质和规律，为社会发展提供指导。

《中国社会心理研究》辑刊聚焦当代中国社会心理与行为，以"中国面向、人文情怀、专业思考"为宗旨，以理论、实证和政策研究并重为特色，以传播中国社会心理学重要理论、重大实践、重点问题的创新成果为使命，助力形成社会心理研究的中国观点，提升中国社会心理学的国际影响。主要设置理论新探、社心观察、研究报告、青年论坛、名家对话等栏目，按照重点主题，每辑的栏目有所交替。

本刊发表文章遵循学术道德规范，注重理论创新，力求为社会心理学相关学科工作者、社会各界提供富有时代气息的高水平研究成果。中山大学心理学系期待海内外心理学界同人、社会各界人士关注和支持《中国社会心理研究》，共同建设社会心理学的中国知识体系和话语体系，推动中国社会心理学的发展与创新。

《中国社会心理研究》编辑部

【理论新探】

新时代社会心理建设的人民向度[*]

佐 斌[**]

摘　要：社会心理建设是维护与促进个人心理健康、社会心态平和、社会安定幸福、国家和文化认同的系统实践。社会心理服务体系建设是社会心理建设的基础工程，建构中国特色社会心理服务体系是中国特色社会心理建设的探索。新时代社会心理建设要以习近平新时代中国特色社会主义思想为指导，坚持人民立场，体现人民向度，理念心系人民，行动依靠人民，成果造福人民。

关键词：新时代；社会心理服务体系；社会心理建设；人民向度

以党的十八大为标志，中国特色社会主义进入新时代。我国社会心理服务体系建设，在中国特色社会主义新时代开启，成为社会心理建设的重要着力点。党的十八大以来，以习近平同志为核心的党中央与时俱进、高瞻远瞩，提出加强社会心理服务体系建设的重

---

[*] 本研究得到国家社会科学基金重大项目"当代中国社会群体印象评价及心理机制"（18A331）的资助。

[**] 作者简介：佐斌，中山大学心理学系主任、博士生导师，华中师范大学社会心理研究中心主任。中国社会心理学会现任会长、中国心理学会常务理事。研究领域为社会心理学、群体刻板印象、心理健康与社会心理建设等。E-mail: zuobin@mail.sysu.edu.cn。

要战略。党的十九大正式提出"加强社会心理服务体系建设，培育自尊自信、理性平和、积极向上的社会心态"（习近平，2017）的要求，随后实施了全国社会心理服务体系建设试点工作（国家卫生健康委员会等，2018）。新时代以来，以社会心理服务体系建设试点工作为标志的我国社会心理建设在实践上积累了经验，取得了进展。

当前，我国进入建设社会主义现代化国家的新征程。如何进一步推进我国社会心理建设，从思想上、实践上深入思考新时代社会心理建设的一些基本问题，既是心理学和相关学科应当关注的重要学术课题，也是立足新发展阶段"健康中国""平安中国"的重大实践问题。社会心理建设与社会心理服务体系建设紧密相关。社会心理建设是维护与促进个人心理健康、社会心态平和、社会安定幸福、国家和文化认同的系统性社会实践（王俊秀，2015；佐斌，2020）。社会心理服务体系是社会心理建设的基础，建构中国特色社会心理服务体系就是中国特色社会心理建设的探索体现（俞国良，2017）。新时代社会心理建设要以习近平新时代中国特色社会主义思想为指导，站稳人民立场，体现人民向度，增进人民幸福。

一 心系人民：新时代社会心理建设的理念向度

（一）以人民为中心是我国社会心理建设的本质要求

以人民为中心是我国社会心理建设的指导思想和本质要求，对此要在认知理念层面进行深入认识。社会心理服务体系建设是党的十八大以来以习近平同志为核心的党中央推进国家治理体系和治理能力现代化的重要部署，是习近平新时代中国特色社会主义思想在社会心理建设方面的贯彻落实。习近平总书记在讲话中多次强调重视心理健康，"加强社会心理服务体系建设"。《中共中央关于坚持和完善中国特色社会主义制度推进国家治理体系和治理能力现代化若干重大问题的决定》《中华人民共和国国民经济和社会发展第十四个五年规划和二〇三五年远景目标》等中央文件都强调"健全社会心理服务体系"。以社会心理服务体系建设试点为先行的社会心理建设，是我国经济社会发展到新时代的必然需求，是推进新时代社会治理创新的重要实践，是贯彻落实党中央战略部署、践行党的宗旨使命的具体行动。

以人民为中心的发展思想，体现了中国共产党的初心和使命。在党和国家的事业发展和各项建设中，必须践行全心全意为人民服务的根本宗旨。社会心理服务体系建设与社会心理建设的目的，是守护人民身心健康，维护和满足人民群众的安全感、获得感和幸福感。因此，新时代社会心理建设要以人民为中心，为了人民，心系人民，把为人民谋幸福作为社会心理建设的初心和使命。

新时代社会心理建设是党的工作，是国家工程，是党的宗旨和思想的落实，必须坚持党的领导，贯彻党的方针政策，为人民服务。新冠疫情暴发以来，为了维护人民的生命健康，以习近平同志为核心的党中央坚持人民至上，生命至上，在疫情防御上科学应对，精准施策。社会心理服务体系建设中，加强对群众的心理疏导，注重疫情相关人群的心理疏导和心理康复（佐斌，2020）。社会心理建设，应该落实心心相通、以心换心、以心见心原则，用心理来引导心理。

新时代社会心理建设要关注人民群众急难愁盼问题，关心老百姓的心理问题、健康问题、心态问题，要对人民的心理需要保持敏感，不能迟钝麻木。社会心理建设的实践者们要对此敏感，社会心理学等相关学科学者与研究人员也要对老百姓的心理情感健康给予关注。

新时代社会心理建设以人民为中心，体现为观照社会现实中人民群众的处境，人民群众的实际心理状态、精神面貌。人民群众不是抽象的人，是具体的、生动的、有血有肉的人，在家庭、社区、学校、企业、医院、商场等场所，在不同的工作岗位、社会场景之中。

（二）新时代社会心理建设是面向全体人民的民心工程

社会心理建设不仅仅是为了重视和解决心理健康层面的问题，还是为了人民身心健康、安居乐业及社会和谐稳定，涉及心理健康、精神卫生、社会治理、思想教育、价值引导等多方面，是安民心、稳民心、顺民心的社会工程。新时代的党和政府能够与人民心连心、同呼吸、共命运，赢得人民内心的支持和拥护。习近平总书记反复强调，"江山就是人民，人民就是江山，打江山、守江山，守的是人民的心"（习近平，2022a）。社会心理建设，通过实实在在的、具体的社会心理服务，解决好人民群众的问题，人民感受到党和政府工作带来的改变，更加拥护党的领导和社会主义制度。从这个意义上来讲，新时代社会心理建设作为民心工程，可以发挥独特作用。社会心理服务体系建设，工作重心不能只放到精神障碍患者或有特殊需要的群体，要关注全民心理健康和素质提升，既要重视精神卫生领域问题，又要重视对非病态群体出现的心态失衡与心理危机干预，更要重视教育引导全民形成积极向上、爱党爱国的社会心态。

新时代社会心理建设是给人民办实事的伟大实践，是为了人民，不是为了政绩，绝不是一些地方、领导干部和相关人员的面子工程。这个方面我们要有清醒认识。个别地方社会心理建设只是依据上级指示来制定文件，完成某一项上级布置的工作，而不是基于当地老百姓的具体社会心理服务独特需求、人民群众迫切需要解决的重大问题来进行。不少文件内容都是一个模式，换一个地区或部门名称似乎都"适用"。社会心理服务和社会心理建设有共同的目标和任务项目，但在具体实践中要更多联系当地人民群众的实际，有针对性、有重点地解决问题。

（三）新时代社会心理建设要体现为人民服务的主动性

新时代社会心理建设是主动为老百姓服务的一项社会事业，是新时代推进国家治理体系和治理能力现代化的重要一环。从我国社会心理服务的进程来看，它是党和国家从上至下的为人民服务、促社会发展、实现中华民族伟大复兴的中国梦新征程上的一种主动谋划。党中央依据对我国社会发展的认识，明确我国社会主要矛盾是人民日益增长的美好生活需要和不平衡不充分的发展之间的矛盾。在平安中国、健康中国的战略背景下，党中央主动谋划部署全国社会心理服务体系建设试点，是立足现实、面向未来，着眼中国社会可持续发展，建设现代化国家过程中的主动作为。

新时代社会心理建设，不能有被动应付、被动落实、被动完成任务的心态。要增强新时代社会心理建设的主动性、创造性，积极作为。

二 依靠人民：新时代社会心理建设的行动向度

以人民为中心，就是要依靠人民。社会心理建设的具体落实，也要相信和依靠人民，调动人民群众的积极性和创造性，尊重人民群众自身在实践活动中的经验、智慧和作用，直接了解群众所思、所盼、所忧、所急，办实事、办好事。我国社会心理服务体系建设、社区治理方案中明确提出了共建共治共享的思想和模式。社会心理建设，战略上是自上而下，建设实践上要发挥人民群众的自主性，依靠人民。

（一）信任人民群众，发挥群众主体地位

社会心理建设的基础是相信人民，是建设者、参与者的相互信任。信任是一个多学科研究的概念和问题。信任的概念高度分化，内涵丰富具体。在社会心理建设中，信任与社会信任不存在明显的界限，是个体基于互动对象的行为及动机的善意预期而采取的积极心理期待，社会信任是个体对他人或人类创造物的信任，包括文化、制度、组织、工具等有形或无形的产物（吕小康、姜鹤，2022）。接纳和信任，影响人们的日常交往和合作共事。社会心理建设谁来建？领导干部、社区工作者、社区志愿者、社区居民、单位职工等都是社会心理建设的主体，人民群众是必须依靠的对象。信任在新冠疫情防控中产生了巨大的积极效应，正是人与人之间、群体与群体之间、群众与党和政府之间的互相信任，使得我国的抗疫取得了重大战略成果。社会信任度越高，社会心理建设就越顺利。心理学、行为公共管理领域都有大量研究成果支撑这个观点。新时代社会心理建设，要相信人民群众，相信人民群众的智慧。

怎样看待人是一个基本的社会认知问题。对人的社会认知有热情和能力两个基本维度（佐斌、代涛涛等，2015），社会心理建设中相信人民群众要体现在热情和能力两个维度上。既要相信人性温暖，相信人民群众的热情友好、责任感、真善美动机；也

要相信人民群众有解决社会心理问题、提升心理素质的聪明才智。社区居民各有所长，各种类型人才都有，多种能力结合在一起，创造的能量非常大。既要相信人民群众建设美好家园、提升自我心理健康的责任感和自我意识，也要相信人民群众的行动力和执行力。我国抗疫实践中，志愿者组织和活动，居家办公和上网课，心理疏导、心理援助平台和热线电话等社区心理支持服务，充分显示了人民群众解决问题的能力和丰富的创造性。

社会心理建设要尊重人民群众的主体地位，发扬人民群众的主人翁精神。社会心理建设的项目安排，要让群众充分参与，让群众来讨论，让群众来选择。制定社会心理建设工作方案，确定年度建设项目内容，必要时可以集思广益，按照大多数群众的建议来办。例如在经费有限情况下，是否优先建亲子园、养老院、妇女发展中心等，应该让社区居民来决定。

（二）重视人际交流，密切干群关系

社会心理建设需要民众广泛参与，现阶段主要还是通过社区干部、社区工作者发动来推动并组织落实。因此，社区干部和社区群众之间的人际关系和良性交往非常重要。依靠群众需要与群众搞好关系；干部和群众的人际和谐状态，促进社会心理建设的实施。人际关系和谐不仅仅是社会心理建设的内容，也是社会心理建设的实现路径。

社区干部和社区工作者要在与社区居民交往上显示主动性。社区心理服务工作的实践经验之一，就是突破办公室空间，主动和居民交往，和老百姓多接触交流。如到社区商店、菜场、食堂餐厅、健身房、小区公园等，融入居民生活，及时了解情况。只有拉近和社区居民的关系，才能促进心理沟通和问题解决，增加

熟悉度和亲近感。

社会心理建设依靠人民群众,要把依法依规办事和人情温暖相结合。平时工作和日常生活中,多交流,多问候,多走动。干群之间、邻居之间相互关爱、互相帮助、共同活动。在处理涉及社会稳定、利益纠纷的重大突发事件时,要严格依法依规科学处置。社会心理建设相关人员要依据群众的心理状态,做好日常情感交流和矛盾化解工作。

(三)发挥群体功能,形成"朋友群"

群体对于个人成长和社会发展都具有重要功能。对个体而言,社会群体能够满足个人物质和心理需要,个人依靠群体能够缓解心理问题,维护心理健康。对社会而言,群体可以更加有效地完成组织任务和实现社会目标。人们在群体之中由于相互影响而形成群体性的心理倾向和社会态度,社会心态也对社会群体成员的心理产生影响。良性的积极群体心理,能够极大影响和带动社会成员的积极心态;社区群体心理状态,也直接影响着社区成员的心理健康状况和社会行为。社会心理建设中,在重大灾难面前、重大公共卫生事件应对方面,群体作用更加独特。

群体在社会心理建设中发挥着纽带与聚集功能,要支持引导建立各类社区"朋友群"。社区"朋友群"既可以关注到社区个人的心理健康问题和有特殊需要人士的心理困境,更可以引导和形成社区人群的积极心态,营造理性平和、积极乐观的社会心理氛围。微信"朋友圈"、QQ"好友群"对于心理疏导和社会心理引导具有很大作用,人们遇到心理和社会生活问题,都习惯第一时间到"朋友圈"寻求帮助。例如在防控疫情时期,社区居民自发建立了疫情科普、情感倾诉、亲子交流、生活急救、公益活动、教育学习、休闲娱乐以及妇女、老年人、疑似病人家属等各类"朋友群",社区的社会工作人员和心理咨询、家庭教育、社会心理服务等专业人员也参与"朋友群"中,及时发挥了信息沟通和心理疏导的功能。

(四)多方面协同,合力推进

社会心理建设是系统工程,其成功实践需要多方力量参与和协同配合。从我国社会心理服务体系建设试点工作的发文单位来看,办公室设在卫生健康行政部门,但是涉及国家10个部委。各地社会心理建设分头探索,初步形成"政府主导、部门配合、多方参与、各司其职,齐抓共管"的模式。党和政府主动谋划,列入计划,政法、医疗、教育、民政、工会、共青团、妇联和社会组织等系统都有相应的建设任务,也要统筹协调。

目前,精神卫生部门在我国社会心理建设中承担的职责非常大,在各地社会心理服务体系建设试点中发挥了重要作用。从社会心理建设的内容来看,心理健康和社会心态涉及全部人群,应该实现在儿童青少年、妇女、老人、残疾人、其他特殊人群等各个方面全覆盖。从行业来看,涉及企业、机关事业单位、社区、学校、养老机构、部队等,还包括罪犯改造、青少年救治矫正等机构。行之有效的社会心理建设,要依靠多方面落实,要把方方面面有机协同起来,形成"横向到边、纵向到底",分工负责,统筹协同的行动机制(陈虎,2022)。

三 造福人民:新时代社会心理建设的成果向度

习近平总书记指出,"要始终把人民安居乐业、安危冷暖放在心上,用心用情用力解决群众关心的就业、教育、社保、医疗、住房、养老、食品安全、社会治安等实际问题,一件一件抓落实,一年接着一年干,努力让群众看到变化、得到实惠。中国共产党把为民办事、为民造福作为最重要的政绩,把为老百姓办了多少好事实事作为检验政绩的重要标准"(习近平,2022b)。社会心理建设的成效,通过人民群众的身心健康和社会心态状况来检验,比如社区居民的心理健康水平提高了多少,自尊自信、理性平和、积极向上的社会心态有没有培育形成,人民群众的生活质量有没有得到显著改善等。新时代社会心理建设的目标是造福人民,增强人民群众的获得感、幸福感和安全感。

(一)人民心理健康水平提高,社会心态更为积极

社会心理建设的具体实践应该转化为人民群众对美好生活需要的满足,身心健康维持在良好水平,社会心态发生积极变化。

从心理健康和精神卫生的层面来看,通过社会心理建设,人民的心理健康水平总体提升。常见心理问题发生率降低,心理问题能够得到有效疏导;严重心理障碍和精神疾病如抑郁症、孤独症、强迫症等得到有效治疗和控制。

从社会心态层面来看,通过社会心理建设,人民群众的安全感、公平感、幸福感以及社会支持、社会信任、国家认同等方面发生显著变化。社区居民和人民群众的精神面貌更加乐观向上,呈现出新模样、新风貌。各类社会群体精神面貌都有积极变化,儿童青少年更健康活泼,老年人不再孤独,妇女就业不受歧视,家庭婚姻更幸福。

从社会平安和谐与社会治理效果来看,个体、群体到社会形成社会心态及时预警和疏导机制,能够更有针对性地化解个体、群体情绪,正确引导社会情绪、社会心态,将风险防范化解在萌

芽状态。人们的消极情绪、心理戾气引发的极端行为减少。

（二）人民生活质量得到改善，促进共同富裕

社会心理建设是民生事项，成果也体现在保障改善民生、提升福祉方面。社会心理服务通过实施具体的项目来解决群众的急难愁盼问题。在幼有所育、学有所教、劳有所得、病有所医、老有所养、住有所居、弱有所扶上，社会心理建设发挥促进作用，人民生活进一步改善，共同富裕程度得到提升。

社会心理建设不仅能够提升人民的生活质量，更能改善社会民众心态。新时代社会心理服务，要促进创造人民群众共同富裕的民生环境，满足人民衣食住行等物质层面的需求，也要建设共同富裕的精神层面，在民众心态方面产生效果。如随着城乡一体化持续推进，既要保障提高进城务工农民工的收入水平，也要保障他们的基本权益，让他们能够心情舒畅地融入城市社区，提升城市融入感和生活幸福感。

（三）社会心理建设形成有效运行的可持续机制

新时代社会心理建设要形成可持续、常态化的工作机制。我国社会心理服务体系试点工作的目标是探索社会心理服务模式和工作机制，将心理健康服务融入社会治理体系、精神文明建设，融入平安中国、健康中国建设。初期建设阶段，主要是做"增量"工作，落实"从无到有"。如落实精神专科医院和二级以上综合医院开设心理门诊、建立心理咨询室、举办心理科普讲座、组建社会心理服务队等，很多项目建设与服务是在原有社区工作事务基础上增加工作量和社区工作人员的职责或负担。经过社会心理服务体系试点建设，社会心理建设应该形成和现有社区管理与服务

有机融合的常态化工作机制。例如，从项目层面，面向妇女的心理健康服务，不是在"妇女节"活动之外增加内容与频次，而是纳入"妇女节"常规活动中；留守儿童关爱服务也是和平时儿童教育辅导相融合。从制度与管理层面，社会心理建设要融入常态化社区管理和社会服务，在领导体制、部门职责、人员队伍、经费保障、项目运行、绩效评价等方面形成明晰稳定的机制。

（四）人民群众对社会心理建设具有总体满意度

人民群众对社会心理建设的满意度是评价新时代社会心理建设成效的核心指标。习近平总书记指出，"要把人民拥护不拥护、赞成不赞成、高兴不高兴、答应不答应作为衡量一切工作得失的根本标准"（习近平，2022b）。应通过综合评价、专项评价或第三方民意调查，了解人民群众对社会心理建设工作的满意度和好评率以及继续参与社会心理建设的意愿程度。社区志愿者是否愿意跟居民做讲座，是否愿意主动调解社区矛盾，是否愿意主动安慰帮助困难人员，这些都可以反映社会心理建设的成果。

新时代社会心理建设，心系人民，依靠人民，造福人民。习近平总书记在党的二十大报告中指出："从现在起，中国共产党的中心任务就是团结带领全国各族人民全面建成社会主义现代化强国、实现第二个百年奋斗目标，以中国式现代化全面推进中华民族伟大复兴。"（习近平，2022c）在建设社会主义现代化国家的新征程中，丰富人民精神世界，实现全体人民共同富裕，增进民生福祉，提高人民生活品质，是新时代的要求和使命。我国社会心理建设，通过社会心理服务体系建设的试点实践，积累了社会心理健康服务为主要领域的模式与经验。面临复杂多变的国际环境和新冠疫情防控常态化的背景，新时代社会心理建设过程中必定还会有重大理论与实践问题有待心理学、社会心理学和相关学科学者来探索和研究。坚持人民立场，体现人民向度，既是新时代中国特色社会心理建设的实践特征，也是当前社会心理研究应有的价值导向和学术目标。

参考文献

陈虎（2022），《加强心理服务体系建设，构建基层社会治理新格局》，荆楚网—湖北日报网：http://focus.cnhubei.com/dhgd/p/14105075.html?spm=zm1033-001.0.0.1.5MZ9SO (cnhubei.com)。

国家卫生健康委员会等（2018），《关于印发全国社会心理服务体系建设试点工作方案的通知》，疾病预防控制局网站：http://www.nhc.gov.cn/jkj/s5888/201812/f305fa5ec9794621882b8bebf1090ad9.shtml。

吕小康、姜鹤（2022），《社会信任》，见《社会心理研究》（许燕、杨宜音主编），上海：华东师范大学出版社，第436—437页。

王俊秀（2015），《从社会心态培育到社会心理建设》，《北京工业大学学报》（社会科学版），第15卷第4期，第1—6、37页。

习近平（2017），《决胜全面建成小康社会 夺取新时代中国特色社会主义伟大胜利——在中国共产党第十九次全国代表大会上的报告》，北京：人民出版社。

习近平（2022a），《习近平谈治国理政》（第四卷），北京：外文出版社。

习近平（2022b），《坚持人民至上》，《求是》，第20期，第1—2页。

习近平（2022c），《高举中国特色社会主义伟大旗帜 为全面建设社会主义现代化国家而团结奋斗——在中国共产党第二十次全国代表大会上的报告》，北京：人民出版社。

俞国良（2017），《社会转型：社会心理服务与社会心理建设》，《心理与行为研究》，第15卷第4期，第433—439页。

佐斌（2020），《疫后社会心理建设的实践路径》，《心理与行为研究》，第18卷第6期，第732—733页。

佐斌、代涛涛、温芳芳、索玉贤（2015），《社会认知内容的"大二"模型》，《心理科学》，第38卷第4期，第1019—1023页。

社会心理学的理性底色与情怀温度

张建新[*]

摘　要：社会心理学研究是由科学理性和人文理性双重力量推动的。科学理性将人"物化""客体化",从而将"人的主体性"抽离出作为研究对象的人本身;人文理性极力将"人的主体性"再拉回研究对象之中,使人不再只是在生物、社会和文化等因素影响下的被决定之物,而是带着喜怒哀乐、奔向所选目标的主动、能动且生动地创造自己生活的鲜活之人。人文理性能够为社会心理学的科学模型系统提供关于其边界条件和调节机制的广阔创新空间,让其他的社会科学也更具心理学味道。所以,社会心理学者不仅要学习和掌握科学理论和科学方法,更要拓展人文知识和视野;而且,在研究过程之中不仅要讲究冷静的理性,更要保持充满温暖的人文情怀,即真正地让社会心理学为中国人民的福祉与幸福做出实实在在的贡献。

关键词：社会心理学；科学理性；人文理性；人文情怀；理性人

---

[*] 作者简介：张建新,中国科学院心理研究所研究员,博士生导师。中国社会心理学会前任会长、中国心理学会副理事长。研究领域为本土化的人格特质、人际信任、韧性与心理健康等。E-mail: zhangjx@psych.ac.cn。

的边界条件与调节机制

按照西方文明的叙事，在启蒙运动和文艺复兴中，西方人打破上帝主宰世界的神话，走出千年神性的黑暗，迎来了人类理性大放异彩的时代。启蒙运动的口号是："通过理性，心灵可以戳穿谎言、发现真理……理性赋予人们的生活以自由。"几百年来，人类理性取得的成就已大大超越了这之前人类文明所获得的全部成果。但理性随后也分裂开来，迈向了两个不同的方向。

一 科学理性与人文理性

一方面，理性越来越倾向和褒扬科学理性。始于经验论的科学理性，在战胜宗教对人类思想的主导后，一路高歌猛进，甚至一度使科学本身也异化为一种"宗教"，万能的科学掌控着人类的命运。然而，走向顶端的科学理性忘记了启蒙运动的起源初衷，那就是理性要让人们的生活获得整体的自由，而不是再被套上另一条控制一切的"科学宗教"枷锁。因此，另一方面，始于唯理论的人文理性便开始为猛跑的科学理性进行"制动"，甚至"反动"，它十分努力亦十分费力地将人类理性的目光再次聚焦于人类自身，尝试让人们理解在人类精神世界中还存在着理性之外的"非理性"力量。

那么，从人类理性的角度去看，科学理性与人文理性又是怎样相互区别的呢？科学理性崇尚经验与逻辑，它把人与自然的关系转为逻辑、语言及科学操作等问题；相信所有现象背后一定存在着某种确定的本质或者普遍有效的准则或规范。科学诞生之初，就将自然界定为独立于人的主观、不以人的意志为转移的客观存在，科学当然要在研究自然的过程中严格地摈除一切人的主观性，不允许任何主观因素对研究过程和研究结果，以及最终对研究对象带来任何的干扰和曲解。而人文理性则强调人的主体性、个体性和多样性，尝试将人关于自身的生存意义和价值的体验与思考加以系统化和理论化，并试图将人与自然的关系归结为人的存在问题，从而将世界描述为是人在与自然、与他人、与自我的互动过程中建构出来的，"客观、唯一、绝对"的世界并不存在。

由此可见，在近代西方历史上，科学理性与人文理性是相悖而行的。依照科学理性，研究者自身要做到中立化、去主观化，并将研究之物对象化、客观化、数量化、普遍化。而依照人文理性，既然心理学的研究对象不同于物质，其本质属性增加了社会性和文化性，在科学研究过程中避免不了研究者与被研究者的主观性，在人文研究中更完全无法回避研究者与被研究者双方的社会关系视角、道德规范和文化价值观等对研究结果的深刻影响。伽达默尔说："在英语用语中，唯有各门自然科学才叫做'Sciences'（科学）。人文学科的范围涵盖了自然科学、社会科学之外的所有学科。人文学科所关心的问题，基本上是无法用'科学方法'或者是一般人所了解的'社会科学'来解答的。"

那么，中国的社会心理学应选择走哪个研究方向呢？心理学教科书告诉人们，社会心理学是现代心理学的一个重要组成部分。现代主流心理学百年前从哲学中独立出来后，便一直以自然科学为模板，努力在研究范式和研究方法上向自然科学看齐。因此，社会心理学（尤其是心理学视角下的社会心理学）被归类为了科学心理学分支。显然，社会心理学笃定地选择了科学理性所指引的方向。

社会心理学研究对象是某一类由个体组成的人群，除去群体中每个个体的主观性，更增加了人际间的主体间性这种复杂性。然而，若以自然科学的纯客观化视角来探索人的心理，就会忽略甚至排斥人的主体性，排除价值、目的、意义等主观性在人的心理活动和日常行为中的重要作用。从目前主流的心理学研究模式看，心理学研究似乎就是一群达成了某种主观共识（理论）的科学家，将该主观共识客观化为另一个被研究对象群体的特定心理（或行为）模式的操作过程。如此的心理学反而会成为一个局限、偏颇、远离现实、自我封闭的知识体系。无论从何种角度看，心理学都不同于自然科学门类，因为人既是研究主体，同时又是被研究的客体，而这一特殊客体对象实际上又是另一个（一群）充满了主观不确定性的人类主体。甚至近代物理科学（特别是微观物理学）亦显示出，客观存在的微观粒子的运动轨迹是与观察者采用的观察方法密切相关的，也就是说人的观察角度干涉了所观察的物质粒子的行为。人的主观性不能被完全地排除于科学研究范畴，它就是科学研究的一部分。因此，科学理性是摆脱不了人文理性的缠绕的。伟大的科学家爱因斯坦将科学理性发挥到极致，为人类揭示出自然宇宙的奥秘，但他也颇具人文情怀地指出，人才是目的，科学是手段，人不能通过科学将自己异化为手段。

依照上述人类理性的叙事，中国古代文明没有产生出科学理性，但人文理性却极度发达，并且独树一帜的。中国人文精神的灵魂，不探究事物背后的本质和规律，不追求知识或能力，而是关注与探讨人之所以生存以及如何生存的"道"与"理"。炼丹与格物看似在对自然进行研究，但"炼丹"在"修仙"，是为了祈求长寿；"格物"求"致知"，是要获得做人的道理。而做人的道理则恰恰是人文理性追求的目标，所以中国人擅长人文理性，苦思冥想"人文现象",即人之所以为人的道德界定。如孟子所言:人异于禽兽者几希,"无恻隐之心,无羞恶之心,无辞让之心,无是非之心,非人也"。中国的人文理性走到顶峰,便产生了唐诗宋词。诗与词所表现出的"人生自是有情痴""人生得意须尽欢""人生几回伤往事""人生自古谁无死",以及"人生到处知何似"的人生思考及感叹,至今还深深地埋藏于中国人的潜意识之中。

因此,人文理性是内隐于中国社会心理学研究者的认知图式之中的,西方科学理性的训练可以掩蔽、可以启动,但却无法消除人们内在的人文气质。

二 社会科学与人文学科

科学理性首先要将研究对象视作一个实体,从其存在的背景或者环境之中抽离出来。心理学研究的对象为人的认知、情感与意志等心理现象。心理现象发生于人的肉身之上,并随着人的肉身生发于人类社会和文化之中。将心理抽离出来后便会发现,其赖以生存的环境无非是自然生物、群体社会和观念文化三个世界。就是说,心理学研究的无非是与上述三个世界相互依存、相互作用的心理现象,但各个分支侧重面有所不同:认知神经科学探究心理与大脑神经之间的互动,并将自然生物作为认知的基础或者背景;社会心理学探讨心理与群体社会之间的互动,并将人际关系和社会关系作为个体行为的环境;文化心理学探寻心理与观念文化之间的互动,并将人类文化作为个体心理和社会心理形成、发展变化的精神背景。

当然,将人的心理进行抽离,只是理论上的一种操作。实际上,人是须臾离不开其生存环境的,没有了人脑、人群和人类文化，人就不能成其为人，人的心理也就无以为存。人与地表上的所有动物一样，都是生物进化的结果，因此人是碳基生物，受到生物学、化学和物理学规律的支配，因此，人被称为生物性动物。人又与很多动物一样，靠群居社会增强自己在物种和种群之间的生存竞争能力，因而人是社会生物，受到亲子、家庭、族群、社会等人际关系以及经济、政治、法律等的制约，因此，人又被称为社会性动物。人与极少数高等动物相似，能够在社会成员个体和代之间传递有助于生存竞争的知识，从而形成超出可感知心理距离的更为广泛的人群，因此，人还被称为文化性生物，受到道德伦理、价值观念、礼教宗教等的约束。

从人自身规定性而言，以人（群）际关系为研究对象的社会心理学毫无疑问地要兼顾人的生物性、社会性和文化性，因而也才有了以人为对象的生物科学、社会科学和人文学科的性质。因社会心理学归属社会科学，下面主要谈一下社会科学与人文学科的区别。社会科学包括经济学、政治学、法律学和社会学等分支，试图采用自然科学的研究方法，探查人类社会生活的各个领域的运动、变化和发展，从而获得对人际关系、社会结构、社会功能及其机制等的系统知识和理论，从而使人类能够更好地、更有效地管理社会。如同自然科学那样，社会科学也很重视对社会现象做实证研究的因果性说明，主要关注人类活动在社会系统中的功能与功效，其中，社会心理学还相当重视开展实验性和定量化的研究。而人文学科包括了哲学、历史、文学艺术、道德伦理研究，反思和建构人自身存在的意义及其精神寄托的文化状态，如人的观念、精神、情感和价值等。因此，人文学科更侧重于研究人类活动对人的生存的价值与意义，努力为人类建构一个有意义的世界，使人类心灵有所安定、有所归依。人文学科进而还为人类的科学理性框定终极意义或规范价值取向。可见，在社会科学与人文学科之间存在着明显的差异，前者倾向使用科学理性探索人类社会，而后者则坚持人文理性的精神追求。

但社会科学与人文学科之间又存在着很强的共通性，其根本原因就在于两者都以人为核心研究对象：离开了人就谈不上什么社会，也就不可能有什么社会现象和社会科学；而有了人，社会生活就有了意义和价值，也才有了"人文"现象和各种人文学科。

笔者曾提出"要做有温度的社会心理学研究"。指研究者不要因为将自己定义为科学家，而放弃和隔绝对社会的关怀、体贴、关切、关心、体会、领悟、体谅等人文立场。虽然社会心理学研究者在使用科学方法、涉及科学实验过程中，要严格遵守科学范式的理性规则；但在发现和形成科学问题时，还应该具有广博而深厚的"人文情怀"。具有"人文情怀"意味着，研究者在充分发挥科学理性带来的好奇心之外，还能享受人文理性带来的意义感、方向感和使命感，使社会心理学能够以更广阔的视野为人类的福祉提供更具创新性的服务。

三 社会心理学，以人文理性为科学模型建立边界和调节机制

社会心理学归属于科学心理学和社会科学，以科学理性为依归。但如前文所述，人文理性是无论如何都如影随形地伴随着社会心理学研究的。我们都知道，成为科学家，是要经过一个漫长而严格的训练过程的，让受训者学会在研究中保持中立、客观的立场和态度。但是，社会心理学的研究者和被研究者都是有自己生活经验和鲜明主观性的人，又如何从中完全抽离出来呢？

"理性人"假设是社会科学（特别是社会科学中的显学——经济学）的一个极为重要的出发点和前提，经济学家正是在"理性人"假设基础上推论和建构出众多的经济学理论。被抽象出来的理性人具有关于他所处环境的完备知识且具有稳定的和条理清楚的偏好；每一个从事经济活动的理性人所采取的经济行为，都是力图以自己最小的经济代价去获得最大的经济利益。然而在其他社会科学，特别是人文学者看来，这一假设即便在纯粹的经济运行环境中也与现实世界存在着很大差距，以理性人为基础建立的效用函数本身也难以解释变动中的人的经济行为。这是因为该假说完全忽视了情感、利他、价值观等非理性因素对人类行为的影响。非理性因素恰恰正是人文理性所关注和研究的内容。

因为行为经济学家和心理学家深入考察了非理性对理性人效用行为规律的划界和调节作用，其中几位学者相继获得了诺贝尔经济学奖。西蒙（H. Simon）是第一位获得诺贝尔奖的心理学家。他认为，在现实生活中，没有人能够获得关于所处环境的完备知识，而只能获得令其满意的知识，因此人们的决策行为只遵循着满意性准则而非最优化准则；而且人类解决问题的过程是一个搜索的过程，其效率取决于启发式函数而非效用函数。因此，他挑战了理性人假设，并为理性人规定了一个边界，人类在此边界之外做出比较之后的选择，只能是一个令人满意的选项，而非效用最大的选项。第二位获得诺贝尔奖的心理学家D.卡尼曼，在其"前景理论"中将"非理性"因素直接引进了效用模型。他论证到，人们对损失的厌恶和敏感度，远高于对收益增加的追求。损失厌恶并不是科学理性计算的结果，而是一种非理性的情感。如果说理性对人的决策有影响的话，那么人们非理性的情感或许会带来更大的影响。因此,卡尼曼对理性人假说作出重大修正。随之,众多学者都将损失厌恶作为决策行为的重要调节因素加以研究。第三位获得诺贝尔经济学奖的心理学家 L. 塞勒,也是卡尼曼的学生,提出了"心理账户"框架理论。他认为,在人的心中,存在着许多无形的"心理账户";人们并不是统一地、平等地把每一笔收入和支出放进账户,而是分账储存。因而,同样的金钱因被放入不同账户而产生不同的心理价值,如"投资账户"中钱的心理价值增大,"消费账户"中钱的心理价值变小。简言之,塞勒也因在经济理性人模型中增加了一个重要的心理调节因素(心理账户),而从经济学家那里"虎口夺食,抢得一定的话语权"。

尽管几位心理学家没有完全推翻经济理性人假说,但他们能够站在心理学专业的角度为该理论假说增添"非理性"因素,使经济学理论更接近真实的生活,从而能够解决现实生活中人们决策的问题,这已经是非常杰出的社会心理学研究了。我相信,西蒙、卡尼曼和塞勒等人对于亚当·斯密的著作《国富论》,一定十分熟悉。这本人文巨著不仅影响了擅长人文理性的经济学家,而且影响了擅长科学理性的心理学家。总之,若社会心理学家能够具有"人文情怀"并熟悉人文学科知识,他们因此至少能使用人文理性(非理性因素)来为科学心理模型设定效用边界和调节机制,从而获得突破性的创新研究结果,并获得冲击诺贝尔奖的机会。

当下社会心理学研究采用高级统计方法,建立了大量心理变量之间的中介/调节模型。然而,因为社会心理学研究者只局限于阅读心理学实证文献,无暇顾及甚至不屑阅读人文著作,从而不熟悉人文学科的最新进展和成果,无法使自己的研究变量突破心理学内部的理论，因而难以产生创造性的研究成果。我自己对中国人信任行为的研究，就是这样一个不成功的例子。我曾经使用了效用函数公式来描述信任行为，当时看起来很具有科学理性的风格。但因为我并不熟悉经济学的理性人假设，以及人类学家 G. 贝特森和文化社会学者 E. 戈夫曼创立的框架理论等概念，因而从根本上就无法使研究深入人性的底层，而只能在事件效价、效价方向和事件概率等几个变量之间进行路径系数的统计，按部就班地按照数理统计手册给出的步骤得出研究结论。虽然，论文中也有测量数据，也能将之套入公式，得出中介/调节模型来，但现在看来，该研究对于了解中国人的信任行为并没有增加有价值的新信息，也就是没有为社会心理学带来创新性知识。显然，获得诺贝尔奖的塞勒对经济学研究领域一定非常熟悉，读过大量经济学等人文著作，他才能够想出"心理账户"这样的跨界概念，让经济学向社会心理学弯下高贵的腰身。

因此，提倡社会心理学研究者具备人文情怀和人文理性，是自身发展的需求：心理学要努力突破自身藩篱，变得更为进取和更富创造性，就需要人文理性的滋养和历史方向的引领。

四　小结

在本文即将结束时，我恰好看到《广州日报》发表钟南山教授关于科学教育和创新的一个发言。"我们将借鉴美国 STEM 教育和欧洲 STS 教育的经验，但我们不能全盘照搬，而是要把我们的哲学理念加进去。"美国科学教育体系被简称为 STEM（Science 科学，Technology 技术，Engineering 工程和 Mathematics 数学），英国类似的体系简称为 STS（Science 科学，Technology 技术和 Society 社会）。钟南山教授说，中国的科学素质教育体系应该有所创新，应该建立 IMH 科教体系，其中 I 为 Innovation（创新），M 为 Sense of Mission（使命感），H 为 Humanity（人文）。关于创新，他说，"创新和发明、发现、创意是两回事"，"发明、发现要应用在实践，最后产生效果。（实践与效果）这两个加起来才叫创新"。

用钟教授的话作为本文的结语，或许再合适不过了。社会心理学要讲科学理性和人文理性，就是要开拓创新，更好地发展出具有中国特色的社会心理学；做有温度的社会心理学，就是要立足祖国大地，有理、有情、有义地服务于中国人民，并且要做出实实在在的服务成效。

参考文献

［以色列］丹尼尔·卡尼曼（2012），《思考，快与慢》，胡晓姣、李爱民、何梦莹译，北京：中信出版社，第 204 页。

［德］伽达默尔（1988），《科学时代的理性》，薛平等译，北京：国际文化出版公司。

韩志伟（2009），《理性与人的自由——康德实践哲学的当代意义》，《社会科学辑刊》，第一期，第 5 页。

李醒民（2012），《知识的三大部类：自然科学社会科学和人文学科》，《学术界》第 8 期，第 29 页。

刘红军（2014），《西蒙有限理性的满意原则》，《科技创新与应用》第 18 期，第 291 页。

刘永芳、范雯健、侯日霞（2019），《从理论到研究再到应用：塞勒及其贡献》，《心理科学进展》，第 27 卷第 3 期，第 12 页。

［美］罗伊 F. 鲍迈斯特（2021），《文化性动物：人类的本性、意义与社会生活》，张建新等译，上海：华东师范大学出版社。

肖伟（2010），《论欧文戈夫曼的框架思想》，《国际新闻界》第 12 期，第 7 页。

张建新（2021），《心理学被科学和人文拉向何方？》，《中国社会科学报》。

张建新、张妙清、梁觉（2000），《殊化信任与泛化信任在人际信任行为路径模型中的作用》，《心理学报》，第 32 卷第 6 期，第 311—318 页。

张雅琪（2012），《科学人文性的问题研究》，博士学位论文，吉林大学。

钟南山（2022.7.26），《中国科学素质教育应该建立 IMH 体系》，《广州日报》。

社会心理研究的现实思维和现象思维*

辛自强**

摘　要：我国社会心理学要建立自主知识体系就需要以社会现实为观照，以社会心理现象的发现和解释为研究重点。为此，研究者要具备良好的现实思维和现象思维，而非仅仅基于西方文献提出问题并运用变量思维解决那些"他处"的问题。格式塔心理学曾经创造或运用的独特的现实思维和现象思维方法，尤其是现象学实验方法，对当前社会心理学的自主创新有重要的启发意义。

关键词：社会心理学；自主知识体系；现象学实验；格式塔心理学

在我国，社会心理学作为一门社会科学，今天比以往任何时候都更应该，也更可能建立自主知识体系。若要实现这一学科发展目标，我国社会心理学的研究应该以中国的时空框架为基本坐标系，从中国人生产和生活的社会现实出发，考察由此衍生的社

---

* 基金项目：中国人民大学科学研究基金（中央高校基本科研业务费专项资金资助）项目（22XNKJ01）。

** 作者简介：辛自强，中国人民大学心理学系教授，博士生导师。中国心理学会经济心理学专业委员会主任，中国社会心理学会社会心理服务专业委员会主任。研究领域为社会心理学与经济心理学。E-mail：xinziqiang@sohu.com。

会心理现象和问题,刻画社会心理的实然状况并阐明其应然方向及实现路径。简言之,社会心理研究在方法论上应该突出现实观照意识,注重社会现实和社会心理现象本身及其关系的归纳和提炼。在这方面,心理学中曾一度闪耀创造性光芒的格式塔心理学在方法论上至今的有启发意义,然而其贡献却被当代"美式"社会心理学忽略了,被今日已成绝对主流的心理测量方法和群组实验设计方法掩盖了。心理学科历史的演进是各种理论思想不断冲杀和被掩杀的历史,最终成为主流的未必总是正确的,被忽略的未必就没有科学价值。有时候过度复杂或创新的思想反而很快无人问津了,研究者会随波逐流,只选择容易走的路。本文反思格式塔心理学所运用的现实思维和现象思维,分析其对我国社会心理研究的方法论启发。

一 社会现实和社会心理现象的区分

社会心理现象是对社会现实某种方式的反映或表达,当然它也会反过来成为或塑造社会现实。社会心理现象发生在主体之内或主体之间,它构成了社会心理学的核心研究对象。然而,鉴于心理具有抽象性和主观性,难以直接观察和精确测量(辛自强,2017),因而从方法论上不能脱离更易直接观测的社会现实来认识社会心理现象,而应在二者的关系中来研究。社会心理学要从社会现实和社会心理现象的关系着手,最终揭示社会心理现象的本质。

关于社会现实和社会心理现象的区分,我们可以借鉴格式塔学派。该学派的研究是从区分地理环境和行为环境开始的,对此考夫卡(1935/1997, p.34)举例做了说明。

在一个冬日的傍晚，于风雪交加之中，有一男子骑马来到一家客栈。他在铺天盖地的大雪中奔驰了数小时，大雪覆盖了一切道路和路标，由于找到这样一个安身之地而使他格外高兴。店主诧奇地到门口迎接这位陌生人，并问客从何来。男子直指客栈外面的方向，店主用一种惊恐的语调说："你是否知道你已经骑马穿过了康斯坦斯湖？"闻及此事，男子当即倒毙在店主脚下。

该男子的行为发生在哪种环境里呢？他骑马过湖是一个真实事件，这个事件或行为发生的地理环境显然是康斯坦斯湖。但他骑马时以为是在穿过荒芜的平原，根本没有担心冰湖的危险，因此对于他的骑马行为来说，行为环境是坚实的陆地，他的行为是骑马过平原而不是骑马过湖。当店主告诉他真相后，男子死于后怕，他这种害怕行为，是因为了解了另一种意义上的行为环境，这时发现行为环境是一个极不安全的大湖。因此，我们应该"在地理环境（geographical environment）和行为环境（behavioural environment）之间作出区分"（考夫卡，1935/1997，p.34）。行为发生于行为环境之中，行为由行为环境来调整。行为环境有赖于两组条件，一组是地理环境中所固有的，一组是有机体内所固有的。总之，在地理或物理环境相同时，行为或心理环境或许不同。心理学研究的是客观环境的主观意义，是行为环境对行为的影响。

如果套用考夫卡的观点，那么社会心理学研究的是客观社会现实的主观意义，是主体所表征的环境，也就是行为环境对主体社会行为的影响。各种社会心理现象发生在对社会现实的表征和主观意义层面，它们又进一步影响社会行为。研究者需要以正确的方法认清"现实"和分析"现象"。

二 社会心理研究需要现实思维

（一）勒温的现实思维

"地理环境和行为环境之间的差别正好与事物的'实际'状况和它们在我们看来的状况之间的差别相吻合，也即与现实（reality）和现象（appearance）之间的差别相吻合。"（考夫卡，1935/1997，p.41）社会心理学本身具有鲜明的现实性，研究的是衍生自特定社会现实的社会心理现象。通常而言，若不考虑社会现实本身，只研究"去背景化"的心理变量关系，研究成果则很难有实际的解释力和影响力。

在现实思维方面，格式塔学派的心理学家勒温堪称典范。勒温在场论的指导下，带领自己的团队进行了很多实验，探讨生活中的各种社会心理现象。有学者指出，"勒温是将生活问题转化为实验形式的大师，在将问题转化为实验变量时，他非常小心地保留了问题的本质"（Patnoe，1988，p.6）。他的现实思维表现在如下几个方面。

一是基于场论的整体性和动力性原则，确保实验情境是复杂社会现实的逼真模拟，是一个完整的"心理场"，而非单一地考察某个特定条件或因素的作用。他用心理生活空间来作为"心理场"的另一种表达。可能影响一个人心理和行为的一切环境，一并构成了其心理生活空间。勒温（1936/2003，p.21）指出："根据动力学的观点，我们须认为整个情境为对于有关个体所可发生影响之物的全体。由此推论起来，我们可以说'现实的为有影响的'

（What is real is what has effects）可用为存在的标准。"显然，这种对实验情境的理解与我们今天借由"实验条件"一词所表达的含义有很大不同。我们应该像勒温那样关心整体的心理生活空间的作用，而非只按照元素主义或还原论的方式关注单一实验条件的作用，哪怕是多变量的交互作用也未能充分体现场论所秉持的整体性和动力性原则。

二是注重对社会心理现象和行为"质的"描述，并采用多种指标综合描述，而非总是依赖单一的量化指标来刻画所谓的因变量。社会心理现象首先是存在与否的问题，而非量的多少问题。苏联学者蔡加尼克（Bluma Zeigarnik）1925 年起在勒温指导下开展了有关记忆的实验（1927 年发表，论文共 85 页），探讨了"未完成任务"对记忆的影响（考夫卡在书中详细介绍了她的这个实验，1935/1997，pp.438-442；也可参考更新的回顾性文章，Macleod，2020）。她以各种人群为研究对象，前后共做了 12 个实验，一致证明人们对未完成任务的回忆记录大体是已完成任务的 2 倍，呈现一个"2 倍"的常数关系，这就是后来人们所知道的"蔡加尼克效应"。该效应是记忆中的一种心理现象，这种现象的存在第一次系统地检验了勒温场论的观点（Macleod，2020）：任务场景会产生一种"张力"，它提供了人们行为的动力。任务完成后，这种张力就自动消除了；当被试者被中途打断而未能完成任务时，这种张力无法消除，反而有所提高，被试非常期望稍后能重新回来继续完成该任务，在这种张力的作用下，反而加强了对刺激项目的记忆，提高了回忆成绩。在该实验中，实验条件和作为结果的心理现象，都是一个有或无的问题，是一种质的判断，不涉及量的差异。实际上，心理现象本身是没有"单位"的（辛自强，2017）。若缺乏测量单位，对心理的测量根本达不到等距水平，只能得到粗略的顺序变量或名义变量，由此带来的繁复的量化和统计工作显得多余。此外，一些社会心理现象需要用多种指标综合刻画，如团体动力学的研究，就要分析团体中各个成员间复杂的相互依赖关系，评价由此产生的内聚力和分裂压力等多种指标。

三是对社会现实的改造精神。勒温身为犹太人，他深切体会到"二战"期间群际偏见所造成的歧视和迫害，因此他希望能改善现状。然而，"不幸的是，在社会规律和社会研究中，没有任何东西能迫使实践者向善"（Lewin，1946）。一般的科学研究所提供的规律，只是一种工具，既可以用于向善，也可以用于作恶，而勒温所倡导的"行动研究"是以促进人们向善为目的的。行动研究方法是一个三步走的过程，包括项目规划、项目执行和项目评估或现实环境中的事实发现（Patnoe，1988，p.8）。行动研究的目的是让当事人加入研究，直接改变群体态度等心理变量。勒温早就关注如何将心理学用于社会现实问题的解决。美国心理学会的分会之一——"社会问题的心理学研究学会"（The Society for Psychological Study of Social Issues）成立于1936年，勒温是主要创立者之一，1942—1943年担任了该学会的主席。该学会设立了自己的会刊《社会问题杂志》（*Journal of Social Issues*），一直致力于对真实社会问题的心理学研究，力图发扬勒温的思想和传统，该学会的最高奖被命名为"库特·勒温纪念奖"。

综上，在如何将社会现实、社会心理现象及其关系完整纳入实验研究方面，勒温提供了不同于当前社会心理学实验的方法论原则。此外，他致力于用心理学去理解并解决社会现实问题的精神，尤其可贵。

(二)社会心理学的现实导向

反观当前我国高校的社会心理学课程,大多教授的只是"美国社会心理学",间或有些"欧洲社会心理学"的内容,来自我国以及其他亚非拉国家或地区的知识则极为稀少,尚未实现知识的自主化和体系化。不可否认,欧美的社会心理学包含一些具有普遍适用性的知识,但是更多的知识并非如此。需要引起重视的是,欧美社会心理学往往自以为是通用科学知识,而且我们也有意无意地这么认为。实际情况是,欧美社会心理学知识体系是在其社会现实背景下建立起来的,是西方理解和解决社会现实问题的产物,是其思想传统和学科方法论的产物。

一方面,西方社会心理学研究的是西方国家当地的社会现实问题以及由此衍生的社会心理现象。罗斯(Ross et al., 2010)在为《社会心理学手册》所撰写的"社会心理学历史"一章中,系统分析了西方(主要是美国)社会心理学的经典理论和实证研究如何受到了重大历史事件的影响,我国学者也重申了这种关联(王芳等,2012)。举例来说,两次世界大战和大屠杀引发了有关种族主义、攻击、权威服从、政治宣传及群体士气等方面的大量研究;电视普及带来的青少年暴力,则激励社会学习理论予以解释。由此得到的科学知识在概括水平和普适性上是存在层级差异的,未必总能类推到其他国家的历史和现实背景中。

另一方面,西方社会心理学延续的是西方自身的思想传统。社会心理学是一门社会科学,它在欧美国家的产生和发展,是其哲学和文化思想传统的延续,受制于当时的意识形态背景。现代社会心理学的产生有三大直接来源,分别是德国的民族心理学、法国的群众心理学和英国的本能心理学,它们都出现在欧洲(王小章、周晓红，1994）。然而，在20世纪初期，世界心理学的中心由德国转移到了美国，美国人基本放弃了德法传统，而只部分延续了来自英国的方法论（如延续了个体差异方法，但反对本能论思想）。美国人之所以对来自欧洲各国的社会心理学思想有所取舍，一个重要原因是其部分承继了英国的个人主义、进化论、经验论传统，再加上自创的实用主义。各种"主义"所代表的意识形态在研究者选择研究主题时发挥了筛选作用，使得他们只研究所谓"正确的"选题。例如，在美国心理学中充斥着大量与"自我"有关的概念，如自我意识、自我实现、自我控制、自我决定、自我效能感。通常相关语词的数量与其指称事物的重要性成正比。在个人主义文化中，自我是行动主体、责任主体、价值尺度，一切以"自我"为中心，有关自我的研究自然就多了。我国的情况并非如此，在该研究领域的理论、概念、操作方法等方面不能简单搞"拿来主义"。

总体而言，社会心理学知识体系对社会现实和历史文脉有鲜明的依赖性，其概括性和普适性并非人们想象的那么高，因为社会现实背景既存在明显的历史变迁，也存在突出的国别和地区差异。我们在研习和教授西方心理学概念和理论时，不能忘记一点：它们的提出是有历史和现实背景的，它们的研究是基于其自身思想传统的。因此，我们不能抽象地看待这些理论知识，而要理解这些知识是如何依附于特定背景的，同时思考我国的现实背景需要我们提供哪些原创性的理论概括和阐释。只有充分解构这些舶来知识的背景依赖性，我们才能认清其本质，知道如何建构我国社会心理学的自主知识体系。

在我国开展社会心理学研究，需要以当下的社会现实为观照，具备"现实"思维。这种现实思维的本质是将社会心理现象置于特定的时空框架下来理解，研究特定社会关系中的人。无论是客观的社会现实，还是主观的社会心理现象，都发生在某一特定的时空框架下，其分析尺度可大可小，可远可近，但一定要明确研究所选用的时空坐标系。如同2022年4月25日习近平总书记在中国人民大学考察调研时所要求的，社会科学研究"要以中国为观照、以时代为观照，立足中国实际，解决中国问题"。

在空间尺度方面，布朗芬布伦纳（Bronfenbrenner, 1989）以俄罗斯"套娃"为隐喻，提出了从小到大四个层次嵌套的生态系统：微观系统、中观系统、外层系统、宏观系统，这四者分属影响个体心理行为的近端或远端环境。该生态系统理论因为高度抽象和概括，对生态系统的层次划分具有相当的普适性，然而，若用于我国，从微观系统到宏观系统的每一层，究竟包括哪些具体的环境变量，环境变量的本质是什么，仍要重新思考和界定。例如，我国政府部门一直强调要做好校园周边环境的整治，这种环境究竟属于哪个层次的环境，对此布朗芬布伦纳未曾说清楚（辛自强，2007）。又如，城乡差异在世界各国广泛存在，但户籍制度造成的城乡差异及其心理后果，则是我国独特的现实和现象。因此，我们应该结合我国的社会现实，选择合适的空间尺度以及具有现实重要性的环境变量来考察其社会心理影响。

关于时间尺度，埃尔德（1970/2002, p.430）的生命历程理论明确提出了"一定时空中的生命"原理。他认为，个体的生命历程嵌入历史的时间和他们在生命岁月中所经历的事件之中，同时也被这些时间和事件所塑造着。这一原理要求我们侧重分析个体属于哪一个同龄群体（生命阶段、生理年龄的效应），在哪一年出生（出生组效应，反映了历史进程的影响）以及出生在什么地方（地理效应）。此外，他还提出了"生命的时间性"原理等命题。与生态系统理论一样，生命历程理论也具有浓厚的"元理论"性质，具有相当的"超然性"，在我国的具体应用必然要面临再创造问题。比如，我们要明确所选定研究对象的出生组，选择真正有关的历史进程以考察其心理影响。

就宏观的社会历史进程而言，我国当前的社会心理学研究应该以中国式现代化为重大的现实背景。中国式现代化是一种后发的现代化，存在"多化"叠加问题，要在较短时间内完成工业化、城市化、市场化、信息化等建设，建成社会主义现代化强国。这种现代化既是一种历史进程，也是在国土上梯次展开的空间结构。它到底对不同时空交叉点上的国民群组产生了哪些社会心理的影响，带来了哪些社会心理现象，社会心理又如何作用于社会行为并引发社会变革，均需要我们来回答。这些问题的解答很难从西方教科书或期刊上找到直接可套用的概念和方法。所以，如何提炼一整套适合分析当代中国各种社会心理现象的时空框架理论，是当前亟须突破的问题。

三　社会心理研究需要现象思维

（一）以现象思维弥补变量思维的不足

社会心理学所研究的是社会心理方面的"现象"，这种现象是一种主观现象，而非客观的社会现实。研究的首要任务是归纳和描述现象本身，而非直接去探究各种变量的关系。毋庸讳言，当前很多研究者忽略了对社会心理现象的发现，直接陷入了变量测度和统计的技术性套路中。

当前的社会心理学，包括整个心理学的研究都严重依赖统计学方法，基于统计学要求做研究设计。例如，根据方差分析的原理做实验研究设计，根据回归分析的要求做相关研究设计。当然，人们也可以根据研究设计来决定统计方法的选用，但研究设计和统计方法至少是相互协调和相互适应的。姑且不论谁决定谁，进一步的问题是，不依赖推论统计方法，如何做心理学的研究？换言之，统计方法总是必需的吗？当前无论是实验研究还是相关研究都在使用变量思维，变量思维有助于明确所操纵和观测的变量到底是什么，它们之间的关系是什么，它是研究深化和精确化的一种保证。不过，变量思维也只是研究要用的"一种"思维而已，并非全部。

心理学中的变量思维是随着统计方法，特别是英国统计学家费舍尔创立的方差分析方法在 20 世纪 30—50 年代逐渐向心理学推广而兴起的。当今心理学研究者的变量思维已经高度标准化和套路化，这虽然有助于科学研究的快速重复并制造论文和论文引用的繁荣，但是似乎很不利于原创性的发现。科学是用于揭示现象本质或背后潜在规律的求知方式，首先要从现象的界定开始，如果对现象本身都不熟悉、不了解，也就谈不上下一步的工作了。通过阅读西方文献而径直提出所谓科学问题的研究者，大都跳过了现象思维的环节，直接从国外同行创立的变量（包括其操作定义方法和测度工具）和变量框架开始，研究结果针对的是"他处"的现象和问题，而非自己所生活的国度和文化下的真实社会心理问题。

变量思维往往并非一项原创性研究的起点。真正的原创性研究大多是从现象开始思考的，研究者要采用一种现象思维，用体悟、直觉、理性去提取和概括现象的内涵和本质。在美国社会心理学界，存在一个"勒温—费斯廷格—沙赫特传统"（Lewin-

Festinger- Schachter tradition），他们是师生三代。罗斯（Lee Ross）是沙赫特在哥伦比亚大学工作时指导的博士生。当罗斯被问及什么样的实验会成为经典时，他用阿希的实验、米尔格拉姆的实验、费斯廷格的实验来作为经典的案例，并解释了它们之所以成为经典，是因为"它们可以很容易地与现实世界的现象联系在一起——正是这种联系，而不是它们与任何其他实验之间的联系，解释了它们的'经典'地位"（Patnoe，1988，p.162）。自勒温以降的社会心理学研究传统，一直在强调开展真正能揭示现象的实验，这样的实验本身就很打动人，有成为经典的潜力。

概言之，我们并不否认变量思维的重要性，而是要强调：若没有现象思维，只靠变量思维，心理科学容易"只见树木，不见森林"，甚至丢掉作为本体的"心理"——没有靶子，徒有强弓利箭（陈中永、辛自强，2022）。现象思维和现象学方法有助于我们矫正变量思维的偏颇，看到另外一种研究范式所带来的科学发现的可能性。

（二）格式塔学派的现象学方法

心理学研究的是主观层面的现象或者经验现象，具有良好适用性且曾得到有效运用的现象学方法时至今日却被严重忽视甚至遗忘了。从学科的方法论起源来看，德国心理学家的贡献不仅在于冯特建立了世界第一个心理学实验室并借用自然科学的实验方法来研究心理学问题（如对物理刺激的感觉经验），同时还有另外一脉——现象学方法。布伦塔诺、斯顿夫、胡塞尔，以及整个格式塔学派，主要使用现象学方法开展心理学研究。现象学是一个极其复杂的思想体系，此处不去比较这些思想家的不同理解。考夫卡这样定义现象学，它"意指尽可能对直接经验作朴素的和完整的描述"（1935/1997，p.92）。现象学的方法侧重人们对直接经验的描述，研究者基于这种描述概括某种意义类型或质的范畴（郭本禹、崔光辉，2007）。这种直接经验当然可以在某种实验条件操纵下出现，此即实验现象学（experimental phenomenology）方法所为。不过，这里的实验并非我们今天通常理解的实验，它主要不是为了证明实验条件和心理行为反应之间的因果关系（或一种刺激—反应式的联结），而是以实验的方式让某种心理现象发生，即在实验背景下"演示"某种心理现象的存在及其特征，因此也称为"演示实验"（demonstration experiment；Ross et al.，2010）。当人们看到某种心理现象得以演示或重现时，自然就信服了，想想格式塔学派经典的"似动"现象研究，就能明白这一点。

　　作为格式塔学派创立标志的第一个实验——似动实验，很好地体现了现象学实验的特征。韦特海默在1910年的秋冬两季于法兰克福开展了似动研究。他用速示器间隔一定时间依次呈现两条线，被试来报告自己的知觉结果。被试是他的研究助手，包括苛勒博士、考夫卡博士以及考夫卡的妻子克莱因·考夫卡博士（后来也用过未经训练的人做被试）。在该实验里，被试并不需要做冯特那种反复的内省训练，实验结果也不需要统计或量化。正如韦特海默（在文献中被翻译为"惠太海默"，1912/1983，p.291）所说，"所有重要的观察结果都是受试者不假思索地作出的"，即被试都报告看到了线条的运动现象。他还说："事实证明，使用大量的受试者是不必要的，因为在每一场合都会毫不含糊地，自发地并且必然地出现这种独特的现象。"（p.291）在特定的时空条件下，这种似动现象是必然存在的，每个被试都会这么报告，也就是说不存在个体差异和概率性的问题，因此统计和量化是完全多余的。格式塔学派的现象学实验对心理现象的展示和描述，关键在于揭示其质的规定性（如知觉的完形特征），而不是像今天的实验那样，将心理现象还原到刺激条件、神经活动，或作某种量的刻画，因为此时往往消解了完整的心理现象。

实验现象学方法被格式塔学派广泛应用，并在知觉、问题解决等领域取得了大量成果。这种方法随着格式塔学派各位领军人物移民美国，而在美国得到了有限的传播。然而，随着这一学派代表人物退出学术圈（他们在美国本就生活在学术圈的边缘地带）或走完生命历程，实验现象学方法迅速淡出了历史舞台。只有勒温因为培养了一批弟子，让实验现象学方法在社会心理学中一度产生了较大影响，不过在他1947年去世后，其弟子和追随者（如最有名的学生费斯廷格）在实验方法上也基本改弦更张了。

心理学历史专家丹齐格（Danziger，2000）指出，在勒温去世的1947年，美国心理学方法论的潮流正朝着另一个方向强劲发展。从此，实验被定义为去证明特定刺激元素（现在称为自变量）和特定反应元素（称为因变量）之间的功能关系。对于此类证明活动，变量需要明确定义，并用单一尺度进行测量，即将其视为单维变量。实验情境的复杂性只是用变量的乘法及其本质上可加的交互作用来表示。

如果实验只能从自变量和因变量的框架来考虑，那么勒温那种笼统的实验程序确实不好理解。费斯廷格甚至认为勒温的方法是错误的，他自1945年在麻省理工学院团体动力学研究中心跟随勒温工作时，已经力图帮助勒温完善实验设计。在后来的文献中，他明确指出了勒温的问题所在："实验者没有分离并精确地操纵单个变量或一小组变量，而是尝试了一个大而复杂的操纵。也很少尝试控制……"（Festinger，1953，p.138）而费斯廷格在自己的实验中，只研究了一个独立的自变量的影响，以便更好地确定所获得的结果是由实验者操纵的自变量直接导致的。

在勒温看来,社会心理学实验创设的人为条件是为了制造出期待的现象,以给理论模型提供一个有效的实例。勒温的这种看法来自其科学哲学老师卡西尔（Ernst Cassirer）,卡西尔认为,实验是一个局部事件,但它们是人为构建的局部事件,以构成"纯净的案例"或"纯例"（pure cases）,即人类互动普遍规律的具体案例（Danziger, 2000）。这个"纯例"是研究者根据理论的预见人为制造出来的,实验的功能不是实证的（证实为真）,而是理论的：通过实验建立的经验关系之所以重要,是因为它们提供了理论概念的实例。简言之,实验是为了展示理论所预期的在某种情境下必然会出现的社会心理现象。如果能把理论所预见的社会心理现象展示给人看,理论所表达的定律也就令人信服了。

费斯廷格后来反对勒温的方法论认识,他坚持认为,实验是要证明单一的可操纵变量的纯粹效果。这是一种现代意义上的实验理解,准确说是基于推论统计（主要是方差分析）的严格的群组对照实验设计。此一设计理念在20世纪50年代后迅速在心理学领域推广开来,以费斯廷格为首的社会心理学家都认可这是更科学的实验方法。由此,社会心理学逐渐走向精致的实验方法取向,并远离了勒温曾经关注的社会现实和现象世界,这就为此后社会心理学的"危机"埋下了方法论的伏笔。

颇有讽刺意味的是,率先将精致实验方法引入社会心理学的费斯廷格,也痛感这种方法的狭隘性,而失去了对社会心理学的兴趣。他遂于20世纪60年代末放弃了社会心理学实验研究,转向一般的知觉实验研究,直到又过了十年,他干脆连心理学也不做了,转向考古学。费斯廷格终止自己的社会心理学研究,是因为对整个学科发展状况非常不满意。在20世纪80年代中期被采访时，他这么说："每次我拿起一本社会心理学杂志，在我看来，90%的内容都是认知信息加工——就好像人类做的主要事情是加工信息一样。每当有人发现信息加工的结果与理性模型不符时，人们都会为这个伟大的发现感到高兴。"（Patnoe，1988，p.258）但是他认为这些研究价值不大，它们多基于纸笔回答的方式进行，虽然更容易做，发表也更快，但对于推断信息加工意义不大，更重要的是，研究没有解决真正的现实问题。

（三）个案与定律的关系

某种心理现象可以发生在自然状态下，也可以发生在实验条件下。实验情境的创设只是为了模拟该现象发生的自然条件，使之在研究者"人为"设定的条件下发生。无论是在自然条件下的观察研究，还是在人为条件下的实验研究，本质都是为了确证一种心理现象的存在，当然也（可以）包括确定心理现象发生的条件或原因。无论是对心理现象的刻画，还是对其发生条件的刻画，格式塔学派关心的是其中的整体性结构问题，而非零散要素的数量问题，所以统计是没有必要的。研究推论是从个案观察或个案实验结果直接上升到普遍定律或理论，并不依赖推论统计方法。

关于个案与定律的关系，勒温认为学界有两种不同的看法。一种看法认为，某一个案或"单独的事件只是一种偶然的遭遇，陈述这种事件也只有满足好奇心的价值。只是多数个案的平均才有一般性的重要"。这种观点认为，研究者得到的个案具有偶然性，只有统计很多个案的平均值才能反映出一般性的规律。另一种观点认为，"假使我们认为这个单独的事件也受定律的管制，便不得不求科学的论证于具体的纯例（pure cases），而不求科学的论证于许多历史事实的平均值了"（勒温，1936/2003，p.10）。也就是说，如果某个规律是普遍性的、通则式的，那么每个个案都受到这个规律的制约，因此基于某一个案所归纳出的规律就是这种普遍的规律，规律的获得方式就是有效度的，根本无须借助于统计方法。查普林和克拉威克（1960/1984，p.82）指出："用一句话概括起来，勒温的论证表明，心理学的定律不必完全依据统计平均值才能制定。应该承认，个别案例的研究价值也同样重要。"

个案式的观察和个案式的实验，均以完整的个案为归纳单位。个案当然不只是指代"一个人"，还可以泛指任何一个层面的、合适的"分析单位"。在个案层面，方能看到完整的心理现象，看到心理现象赖以发生的主客观条件的内在结构，而非只是一些量的特征和数量关系。通过统计方式进行数量的加总，根本无法反映个别因素之间如何组织和结构化，又如何与个体发生关联。那又如何来刻画主观和客观世界的结构呢？我们可以使用日常语言，也可以借助一些数学、逻辑学的概念。勒温的方法是借助拓扑学的概念来对每个个体的心理生活空间内的各个要素的关系进行动力学的结构分析，以归纳出普遍的规律；皮亚杰是用自创的心理逻辑学的方法来刻画认知的结构。遗憾的是，这些方法并没有被有效传承，今天大多数人擅长的只是统计学套路。

历史传承的中断以及格式塔学派代表人物移居美国后的落寞地位，主要原因是美国人与欧洲大陆学者持有不同的理智传统。整个20世纪，美国人一直居于心理学的中心地位，烙印着美国人偏狭理智特征的心理学，使全世界误以为"这就是心理学"，就是心理学的全部。

欧洲大陆的理性论和现象学传统让学者关注心理作为经验现象的结构特性，而不是可量化的测量特性。格式塔心理学和皮亚杰理论都属于结构主义理论，都秉承了理性论传统。对于理性论者而言，观察并辨识出人们自然表现出的心理结构是研究的首要任务；如果一定要做实验，也是为了展示被试的心理结构或演示心理现象的存在。格式塔学派的似动实验和皮亚杰学派的守恒实验都是这类演示性实验，其本质是一种观察。

英美国家的经验论传统和实用主义哲学，则强调了量化的经验科学的重要性。英国的高尔顿率先开展了对人体机能的测量，为了处理测量数据在英国建立了现代数理统计方法。高尔顿本人，他的学生皮尔逊、斯皮尔曼，更晚一些的费舍尔都在测量自然世界和心理特征，并开发了处理相关数据的统计方法。1925年以后费舍尔发展起来的现代因素实验范式，也是以方差分析这一推论统计方法的建立为基础的。所有这些研究工作都是从以量化的方式收集经验开始的，"量化"体现的是事物可度量的特性，而非结构特征。由于深受高尔顿和斯皮尔曼的影响，美国心理测量学之父卡特尔（1890/1983，p.71）写道："心理学除非建立在实验和测量的基础上，否则它就不能达到自然科学那样的明确和精密。循着这个方向所能做到的一个步骤就是对大批的人施行一套心理测验和测量。这种测验的结果在发现心理过程的常性，它们的相互依存性和它们在不同情况下的变异性上有相当的科学价值。"后来，美国心理学的发展基本是在卡特尔的方法论定位下推进的。

今天在社会心理学研究中，人们习惯的是量化和严格而细微的实验操纵，并通过推论统计将特定的实验结果推广至普遍的理论。然而，勒温等欧洲大陆学者从个案观察和实验所发现的心理现象直接概括出普遍规律的做法，或许在中国社会心理学家建立自主知识体系，尤其是原创理论的过程中，有着独特的启发价值。

像心理学史家墨菲和柯瓦奇（1972/1980，p.615）指出的那样，在西方，"社会心理学一只脚是站在实验科学的基础上，而另一只脚则处于社会变革的波涛之中"。如是类推，我国社会心理学的两只脚应这样站立：一只脚站立在更为多样和广义的实验科学基础上（不仅是采用推论统计方法的因果实验，也包括现象学实验，以及个案研究等），另一只脚站立在我国社会变革的波涛中。现实思维和现象思维是产生富有想象力的、原创性的社会心理学研究必需的思维方式，格式塔学派曾经用过的这两种思维方式以及具体的研究方法不应被继续尘封。

参考文献

［美］埃尔德（1970/2002），《大萧条的孩子们》，田禾、马春华译，南京：译林出版社，第430页。

［美］查普林、克拉威克（1960/1984），《心理学的体系和理论》，林方等译，北京：商务印书馆，第82页。

陈中永、辛自强（2022），《心理学研究方法论的元思考：读〈林崇德文集〉》，《北京师范大学学报》（社会科学版），第2期，第156—160页。

郭本禹、崔光辉（2007），《实验现象学源流考》，《教育研究与实验》，第4期，第43—48页。

［德］惠太海默（1912/1983），《视见运动的实验研究》，胡士襄译，见张述祖等审校，《西方心理学家文选》，北京：人民教育出版社，第284—305页。

［美］卡特尔（1890/1983），《心理的测验和测量》，桑粲南译，见：张述祖等审校，《西方心理学家文选》，北京：人民教育出版社，第71—79页。

［德］考夫卡（1935/1997），《格式塔心理学原理》，黎炜译，杭州：浙江教育出版社，第34、41、92、438—442页。

［德］勒温（1936/2003），《拓扑心理学原理》，高觉敷译，北京：商务印书馆，第10、21页。

［美］墨菲、柯瓦奇（1972/1980），《近代心理学历史导引》，林方、王景和译，北京：商务印书馆，第615页。

王芳、刘力、许燕、蒋奖、孙晓敏（2012），《聚焦重大社会现实问题的社会心理学研究》，《中国科学院院刊》，第27卷增刊，第98—107页。

王小章、周晓红（1994），《面向社会：现代社会心理学的转折——对美国和欧洲的考察》，《杭州大学学报》（哲学社会科学版），第 24 卷第 1 期，第 97—103、142 页。

辛自强（2007），《心理发展的社会微环境》，《华东师范大学学报》（教育科学版），第 25 卷第 2 期，第 42—47、78 页。

辛自强（2017），《改变现实的心理学：必要的方法论变革》，《心理技术与应用》，第 5 卷第 4 期，第 245—256 页。

Bronfenbrenner, U. (1989). Ecological systems theory. In R. Vasta (Ed.), *Annals of child development (Vol. 6): Theories of child development: Revised formulations and current issues* (pp. 187–249). Greenwich, CT: JAI Press.

Danziger, K. (2000). Making social psychology experimental: A conceptual history, 1920–1970. *Journal of the History of the Behavioral Sciences*, *36*(4), 329–347.

Festinger, L. (1953). Laboratory experiments. In L. Festinger & D. Katz (Eds.), *Research methods in the behavioral sciences* (pp.136–172). New York: Holt, Rinehart & Winston.

Lewin, K. (1946). Action research and minority problems. *Journal of Social Issues*, *2*(4), 34–36.

Macleod, C. M. (2020). Zeigarnik and von Restorff: The memory effects and the stories behind them. *Memory & Cognition*, *48*(6), 1073–1088.

Patnoe, S. (1988). *A narrative history of experimental social psychology: The Lewin tradition*. New York: Springer-Verlag.

Ross, L., Lepper, M. & Ward, A. (2010). History of social psychology: Insights, challenges, and contributions to theory and application. In S. T. Fiske, D. T. Gilbert & G. Lindzey (Eds.), *Handbook of Social Psychology* (chapter 1, pp. 3–50). New York: John Wiley & Sons, Inc..

善恶人格的中国文化构建
理论及研究思考*

焦丽颖　许　燕**

摘　要　善恶人格是人性或道德研究"大厦"的根基。突破以往只关注积极或消极道德品质的单维视角，本文以双维视角构建了善恶人格的基础概念，发掘了善人格和恶人格的四因子结构；基于社会评价视角提出了善恶人格的特质差序理论，解读了善恶人格与情境的交互效应。善恶人格在理论上有助于人格心理学的创新，在实践上为解决社会现实问题提供了实证支持。

关键词　善恶人格；中国文化；特质差序；人格理论；人格结构

党的二十大报告对提高全社会文明程度做出要求，指出要"实施公民道德建设工程，弘扬中华传统美德……提高人民道德水准和文明素养"。当前中国特色社会主义进入新时代，面临着多元

---

* 本文系国家自然科学基金面上项目（31671160）、国家社会科学基金重大项目（19ZDA363）阶段性成果。
** 作者简介：焦丽颖，北京林业大学人文社会科学学院心理学系讲师。研究领域为中国文化下善恶人格的理论建构及应用，人格的动态发展等。
　　许燕，北京师范大学心理学部教授，博士生导师。研究领域为善恶人格与道德心理，价值观等。E-mail: xuyan@bnu.edu.cn。

化的浪潮和快速变化的冲击，社会可能存在着价值观良莠不齐、是非善恶模糊等情况，社会道德现状也出现着不确定性和复杂性特征，传统道德价值体系面临着现代化发展带来的巨大挑战。而公民的道德建设不仅是道德实践的建设，更是善恶价值观和精神品格的人格建设。善恶赋予了道德不可替代的价值，是道德独特性的重要体现（李建华，2021）。因此，我们必须高度重视道德背后更深入的善恶人格基础，了解中国人的善恶本质，以促进向善人格的塑造，抑制黑恶人格的肆虐，推动社会精神文明迈向一个更新的高度。

一 善恶人格的理论构建及概念

道德在真实社会中最直接的反映是善恶人格，有些人心地善良、舍己为人、无私奉献，有些人则冷漠无情、自私残忍、损公肥私。在对善念或恶行进行描述、解释和预测的各种因素中，其内在基础——人格是不可忽视的。以往关于诸如诚实、谦恭、宜人性、尽责性、暗黑人格、君子人格、美德等方面的相关研究，为以善恶视角来研究人格概念提供了理论支持（Ashton et al., 2007；Paulhus & Williams, 2002；Thielmann et al., 2020；葛枭语、侯玉波，2021）。但以往研究更倾向于关注不同文化下某种具体的人格或善恶的某一面，又由于研究者对道德相关品质的探讨所关注的问题差异较大，致其使用的特质类型也存在相对的局限性。

历经上下五千年的中华民族自身积累了独特的善恶文化，强调以善为本、以德为先。伴随着当下社会历史发展的新阶段和新现象，中国文化中的善恶人格必然有其独特性和研究价值。因此，在当今的社会、文化与理论发展背景下，笔者将善恶人格界定为

"在遗传与环境的交互作用下,个体形成的具有社会道德评价意义的内在心理品质",该人格概念旨在体现中国人的道德价值体系下更深层的基本人格倾向(焦丽颖、许燕等,2019)。善恶人格从概念提出即旨在系统地整合中国文化下具有典型善恶特征的人格构念,较为完整地描述善恶人格的特点,以期对中国文化背景下人格内容中的道德成分进行提取和梳理,为相关人格的评估和测量提供一个全面的框架。

善恶人格具有结构性、倾向性、社会性和道德性等核心特征(焦丽颖、许燕,2022),善恶人格具有特质单元和特质结构,并对亲社会和反社会倾向具有直接影响,且善恶人格的形成受到社会文化差异和个体社会价值观内化的影响,最重要的是,善恶人格离不开社会的道德价值体系。

二 善恶人格的结构理论

自从 G. Allport(1937)提出了人格结构的理论构想之后,特质理论学家们都有一个共同的目标,就是确定普遍的人格结构(郭永玉,2016)。善恶人格作为人格的一部分,也具有其独特的结构。以往相关的研究也对于其结构有所探究,例如,道德基础理论将道德领域分为关爱/伤害、公平/欺骗、忠诚/背叛、权威/颠覆和洁净/堕落5个维度(Graham et al.,2011),美德被认为具有多种成分(e.g.,Cawley et al.,2000;Peterson & Seligman,2004)。中国传统人格被认为包含仁、义、礼、智、信五个因素(燕国材、刘同辉,2005),国内关于君子人格(葛枭语等,2021)和道德人格(王云强、郭本禹,2011;郭永军,2010)的研究也都探索出不同的结构。

笔者关于善恶人格结构的研究主要基于传统的词汇学假设

（the lexical hypothesis），即人们所需要的概念和建构都会沉淀在自然语言中（Allport & Odbert, 1936; Goldberg, 1981）。因此，每一种文化下的所有人格特质都被编码到自然语言中，字典中存储了所有善恶人格的描述词汇。研究获得了三个重要的原创性结果。（1）根据对《现代汉语词典（第7版）》中善恶词汇的筛选和开放性问卷调查的分析，通过多轮的整理、筛选及讨论，最终获得中国人的善恶人格词汇库，为今后的善恶研究提供了基础性的研究工具。（2）研究通过平行分析、探索性因素分析和验证性因素分析，以及与利他人格等效标的相关检验，发现善恶人格的二维结构模型拟合度更好，善、恶人格与效标相关的模式存在差异（Jiao et al., 2021）。首次创立了中国人善恶人格的双维结构模型，在一定程度上说明了善人格与恶人格存在相关但又相对独立的特征。因此，善恶不是一个维度的两极特征，而是应该作为两个因素进行区分讨论，这一研究结果提高了善恶分类的准确性，并且突出了善恶人格领域对理解人类本性的独特价值。（3）研究对于善人格和恶人格的结构分别进行了探索和验证，结果发现"善"人格包含尽责诚信、利他奉献、仁爱友善、包容大度四个维度；"恶"人格包含凶恶残忍、虚假伪善、污蔑陷害、背信弃义四个维度。此外，研究根据善恶的特征编制了相应的行为表现条目，基于行为表现层面也发现了同样的四因子结构。而善恶人格的四因子模型中的各维度，在以往人格研究的善恶问题和中国传统思想孕育出的善恶价值观中，均能够找到与之相应的话语。

善恶人格结构理论揭示了善恶是双维独立结构，更能解释善恶兼具的人性复杂性；善恶是一个特质系统（善恶词库），呈现为二阶四因子结构模型，善与恶结构分别包含不同的四要素，成为中国人判断善恶的依据。

三　善恶人格的特质差序理论

在社会评价、印象形成或对个体进行善恶推断过程中，所有的人格特质的贡献都是均等的吗？换句话说，人们在提及道德时，首先考虑的是善还是恶？当人们对善（或恶）进行判断时，对于不同的善（或恶）特质，是否会认为其重要性存在差异？

为了回答以上问题，笔者根据人们进行道德范畴词汇选择的首位度差异，以及对善恶进行推断时不同特质的核心程度差异，将善恶人格特质的结构进行更进一步的层次区分，提出善恶人格的特质差序模型（图1），该模型主要内容包括两个方面，分别是（1）善恶人格间的横向差序：善人格相比于恶人格具有优先效应。（2）善恶人格内的横向差序："善"的核心由内到外依次递减为尽责诚信、仁爱友善与包容大度、利他奉献；"恶"的核心由内到外依次递减为凶恶残忍、污蔑陷害与背信弃义、虚假伪善（焦丽颖、许燕等，2022）。

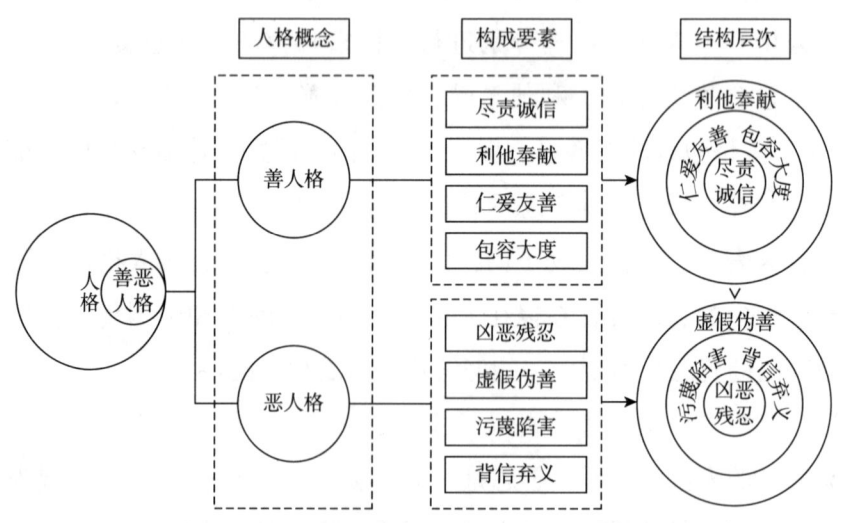

图 1　善恶人格特质差序模型（摘自 焦丽颖、许燕等，2022）

对善恶人格的特质差序理论思考需要追溯到关于人格结构的层次探讨，例如，G. Allport（1937）将个人的特质分为首要特质、中心特质和次要特质，R.B. Cattell（1950）也把人格特质分为表面特质和根源特质。而关于差序研究，以往建构的多是人格特征的纵向差序，即某个较高层次的构成可能包含多个较低层次的子维度或子特征面（Chen et al., 2012）。然而人格结构同样也存在横向差序。横向差序将处于同一层次的人格特征进行区分，例如，某些特质会被认为是人们最喜欢的或最不喜欢的（黄希庭、张蜀林，1992），个体会对不同特征的重要性进行权衡（Cottrell et al., 2007）。善恶人格的特质差序指的便是这种横向差序，该理论关注的是当人们对他人进行善恶知觉时，善、恶人格间的优先效应以及善人格和恶人格内部各自不同特质的优先效应。

善恶人格的特质差序理论提出并解释了如下两个问题。（1）"人之初，性本善"的人性观是否依然影响着现代化进程下人们的善恶价值体系？（2）在当今拥有复杂、多元化道德内容的社会中为何某些特质一直被认为是"为人之本"，为何某些特质被认为是"万恶之源"？

首先，善恶人格间的特质差序反映了人们在道德认知中善或恶的可及性高低。即使在当下社会人们总是感慨"道德底线越来越低"，人们在对善恶思考时依然倾向于将善放在首位，这与传统的人性本善思想和儒家文化精神的传承有很大的关系。在追求善、规避恶的文化渗透下，人们倾向于在提及伦理道德时更快启动其积极价值。

其次，善恶人格内的差序反映出人们维持生存的心理原则。在这个原则下，善带来的保障性和恶带来的伤害性是两个非常关键的影响人们安全的生存因素。具体而言，善人格的差序遵循保障性原则，反映了他人提供帮助行为的保障程度差异。人们需要快速、顺利识别他人的互惠行为是否具有真实性和保障性，从而使自己能够有效地获益。因此，在进行善的判断时，一个特质越靠近善的核心，表示该特质所提供的保障性信息越大，表示拥有该特质的个体（帮助者）更有可能提供帮助。也就是说，虽然都是善，利他奉献、仁爱友善和包容大度、尽责诚信给人们带来帮助的保障性是依次增强的，保障性越高，表示该特质带来的安全感和信心也越高。因此，善人格的差序保障性呈现趋中递增趋势。与之相对，恶人格的差序性遵循伤害性原则，反映了他人行为对个体造成伤害的严重程度差异。在社会互动中，人们在识别他人是否具有帮助自己意图的同时，也需要迅速确认他人是否会伤害自己（Goodwin et al.，2014）。因此，在进行恶的判断时，一个特质越靠近恶的核心，表示该特质所提供的伤害性信息越大，表示拥有该特质的个体（伤害者）更有可能造成伤害。也就是说，虽然都是恶，虚假伪善、背信弃义和污蔑陷害、凶恶残忍带来的伤害程度是逐渐增加的，伤害性越高，表示该特质带来的生存威胁感也越大。因此，恶人格的差序伤害性同样呈现趋中递增趋势。

善恶人格的特质差序理论旨在为当前社会存在的善恶判断差异进行理论层面的解释，也期望在一定程度上推进当前对特质推断的理论研究进程。

四　善恶人格与环境的交互作用理论

善行是直觉加工还是控制加工的产物？是人格还是情境决定了善行表达？为了回答这些问题，笔者研究了善行的边界条件，探讨了善恶人格与环境的关系。人格与情境的交互作用观点为此提供了支持（Mischel，1977；Columbus et al.，2019）。首先，自动化的直觉加工是产生道德行为的基础（Zaki & Mitchell，2013），Rand等人（2014）结合双加工系统理论，提出了社会启发式假设，认为人们的内在人格品性和内化策略会以一种直觉的默认反应表现出来。这意味着真正的善良是由内而外地、自发地、直觉地进行善行表达，善良者行善过程中可能会表现出"直觉行善"的认知加工特点。此外，Rand等人（2012）在《Nature》发表的《自发的给予和精心策划的贪婪》论文，也从另一个角度说明了善行表达具有的控制加工特点。张和云和许燕（2016）结合系列研究建构了善恶人格与情境交互的整合理论模型（图2）。

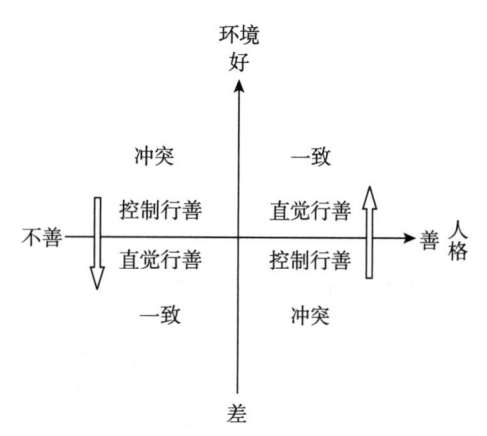

图2　善恶人格与情境交互整合理论模型（张和云、许燕，2016）

整合理论模型描述了善良人格者认知加工和善行与情境的交互作用。模型显示：直觉加工体现在第一、三象限。当偏善者处在好环境中（内外一致：人格善与环境好的一致），其就会直觉行善；当偏不善者处在差环境中（内外一致：人格不善与环境差的一致），偏不善者就会直觉不善。相对而言，控制加工体现在第二、四象限。当偏善者处在差环境中，会表现出控制行善，例如洁身自好；而偏不善者处在好环境中，其内在自私自利的冲动与外在好环境会形成冲突，个体通过自我控制资源抑制自己的不善直觉，从而表现出控制行善，例如浪子回头。由此可见，良好环境建设是引人向上的条件保障。

交互作用的整合理论模型解释了善行表达与情境之间的复杂关系，同时，也说明促进良好的社会环境建设、营造积极向善的社会心态具有重要价值。

五 善恶人格研究的理论价值与现实意义

综上，笔者通过系列实证研究建构了善恶人格理论，其内涵阐述了善恶人格的概念，形成了中国文化下的善恶人格的基础词库，确定了善恶人格的双维模型，探查了善恶的四因子结构，明晰了善恶人格评价的差序特征，确定了善恶人格与情境交互的整合模型，编制了善恶人格测评工具。

善恶人格的提出体现了以下几方面的理论价值与现实意义。

首先，在理论方面，善恶人格体现了中国文化下对道德更深的思考和理论建构，跳出了西方道德理论可能不适合中国心理的文化隐性偏见框架（喻丰、许丽颖，2018）。研究价值体现为三点。（1）基于善恶人格，研究首次建立了适用于中国人的善恶人格词库（焦丽颖等，2019），严格按照心理学测量程序开发了信效度得到良好验证的善恶人格的测量工具，开创性地建立了测量善恶人格维度的专门性人格量表，为善恶人格的后续理论探讨与实际研究奠定了扎实的基础。（2）善恶人格以二维视角为解决人性善恶共存与否的争议提供了研究证据，也对传统单维的道德心理理论提出了新的挑战。（3）善恶人格的结构验证进一步明晰了中国文化背景下的善恶内涵，补充和丰富了中国文化下的相关理论，成为传承中国文化与科学开展善恶研究的桥梁之一。

其次,对于善恶人格对社会影响的独特性方面。我们的研究发现,善恶人格与一般人格模型 HEXACO(Ashton & Lee, 2001)中积极人格的相关程度大部分在中等程度相关。多层回归分析发现,善人格更能预测公共物品游戏中贡献金额的亲社会指标,HEXACO 更能预测共情指标;恶人格相比 HEXACO,对精神病态等反社会倾向的预测作用更大(焦丽颖,2021)。这也说明,善恶人格并不是 HEXACO 中的子维度。因此,善恶人格是具有独特成分的人格因子,在捕捉人类人格的个体差异方面提供了更多的信息(Veselka et al., 2012)。这也进一步阐明了善恶人格对社会中诸如奉献、帮助、偷窃等道德和不道德事件的预测可能存在更大的效应,为社会主义现代化建设中提高人民道德水平提供了独特的贡献。

最后,对于善恶人格对社会影响的普遍性方面。"功能性"是人格的基本性质,善恶人格对社会普遍影响的一个主要功能便体现在其与心理健康之间的关系上。已有大量研究证明人格与个体的积极消极情绪、生活满意度、积极心理状态等心理健康因素有关(e.g., DeNeve & Cooper, 1998; Steel et al., 2008;葛枭语、侯玉波,2021)。我们通过对个体三个时间段进行追踪的方法,使用交叉滞后模型探查了重大危机事件下善良人格的积极效能,发现个体的善良人格可以显著正向预测同时间段和下一时间段的积极情绪及幸福水平(Jiao et al., 2023),这说明善良人格能够满足个体的道德需要,而道德需要也被认为是个体的基本心理需要,道德需要的满足对幸福感具有显著的预测效应(Prentice et al., 2019)。善恶人格为重大危机事件情况下的社会心态与社会治理提供新思路,也对个体与社会的健康发展具有重要的应用价值。

目前，对善恶人格的探讨仍处于起步阶段，且随着人格研究中对情境交互和动态变化的关注（e.g., Kuper et al., 2022; Rautmann, 2021），关于善恶人格的理论与实践仍存在许多需要再补充和验证的空白，也期待更多的研究者共同对这一研究问题进行更深入的探索。

参考文献

葛枭语、侯玉波（2021），《君子不忧不惧：君子人格与心理健康——自我控制与真实性的链式中介》，《心理学报》，第53卷第4期，第374—386页。

葛枭语、李小明、侯玉波（2021），《孔子思想中的君子人格：心理学测量的探索》，《心理学报》，第53卷第12期，第1321—1334页。

郭永军（2010），《道德人格词汇评定量表的编制》，硕士学位论文，郑州大学。

郭永玉（2016），《人格研究》，上海：华东师范大学出版社。

黄希庭、张蜀林（1992），《562个人格特质形容词的好恶度、意义度和熟悉度的测定》，《心理科学》，第5期，第17—22、63页。

焦丽颖（2021），《善恶人格的结构、特质差序及其功能》，博士学位论文，北京师范大学。

焦丽颖，许燕（2022），《中国人的善恶人格观》，见许燕、杨宜音编，《社会心理研究》，上海：华东师范大学出版社，第985—1052页。

焦丽颖、许燕、田一、郭震、赵锦哲（2022），《善恶人格的特质差序》，《心理学报》，第54卷第7期，第850—866页。

焦丽颖、杨颖、许燕、高树青、张和云（2019），《中国人的善与恶：人格结构与内涵》，《心理学报》，第51卷第10期，第1128—1142页。

李建华（2021），《道德原理：道德学引论》，北京：社会科学文献出版社。

王云强、郭本禹（2011），《大学生道德人格特点的初步研究》，《心理科学》，第34卷第6期，第1436—1440页。

燕国材、刘同辉（2005），《中国古代传统的五因素人格理论》，《心理科学》，第28卷，第780—783页。

喻丰、许丽颖（2018），《中国人的道德结构：道德差序圈》，《南京师大学报》

（社会科学版），第6期，第65—74页。

张和云（2016），《善良人格的结构、认知加工特点及其对善行表达的影响研究》，博士学位论文，北京师范大学。

Allport, G. W. (1937). *Personality: A psychological interpretation*. Holt New York.

Allport, G. W. & Odbert, H. S. (1936). Trait-names: A psycho-lexical study. *Psychological Monographs*, *47*(1), 1–171.

Ashton, M. C. & Lee, K. (2001). A theoretical basis for the major dimensions of personality. *European Journal of Personality*, *15*, 327–353.

Ashton, M. C. & Lee, K. (2007). Empirical, theoretical, and practical advantages of the HEXACO model of personality structure. *Personality and Social Psychology Review*, *11*(2), 150–166.

Cattell, R. B. (1950). *Personality: A Systematic, Theoretical, and Factual Study*. New York: McGraw-Hill.

Cawley, M. J., Martin, J. E. & Johnson, J. A. (2000). A virtues approach to personality. *Personality and Individual Differences*, *28*(5), 997–1013.

Chen, F. F., Hayes, A., Carver, C. S., Laurenceau, J. P. & Zhang, Z. (2012). Modeling general and specific variance in multifaceted constructs: A comparison of the bifactor model to other approaches. *Journal of Personality*, *80*(1), 219–251.

Columbus, S., Thielmann, I. & Balliet, D. (2019). Situational Affordances for Prosocial Behaviour: On the Interaction Between Honesty-Humility and (Perceived) Interdependence. *European Journal of Personality*, *33*(6), 655–673.

Cottrell, C. A., Neuberg, S. L. & Li, N. P. (2007). What do people desire in others? A sociofunctional perspective on the importance of different valued characteristics. *Journal of Personality and Social Psychology*, *92*(2), 208–231.

DeNeve, K. M. & Cooper, H. (1998). The happy personality: A meta-analysis of 137 personality traits and subjective well-being. *Psychological Bulletin*, *124*(2), 197–229.

Goldberg, L. R. (1981). Language and individual differences: The search for universals in personality lexicons. In L. Wheeler (Ed.), *Review of personality and social psychology* (Vol. 2, pp. 141–165). Beverly Hills, CA: Sage.

Goodwin, G. P., Piazza, J. & Rozin, P. (2014). Moral character predominates in person perception and evaluation. *Journal of personality and social psychology*, *106*(1), 148–168.

Graham, J., Nosek, B. A., Haidt, J., Iyer, R., Koleva, S. & Ditto, P. H. (2011). Mapping the Moral Domain. *Journal of Personality and Social Psychology*, *101*(2), 366–385.

Jiao, L., Jiang, W., Guo, Z., Xiao, Y., Yu, M., Xu, Y. (2023). Good personality and subjective well-being during the COVID-19 pandemic: A three-wave longitudinal study in Chinese contexts. *Journal of Happiness Studies*, *24*(2), 589–606.

Jiao, L., Yang, Y., Guo, Z., Xu, Y., Zhang, H. & Jiang, J. (2021). Development and validation of the good and evil character traits (GECT) scale. *Scandinavian Journal of Psychology*, *62*(2), 276–287.

Kuper, N., Breil, S. M., Horstmann, K. T., Roemer, L., Lischetzke, T., Sherman, R. A., Back, M. D., Denissen, J. J. A. & Rauthmann, J. F. (2022). Individual differences in contingencies between situation characteristics and personality states. *Journal of Personality and Social Psychology*, *123*(5), 1166–1198.

Mischel, W. (1977). The interaction of person and situation. In D. Magnusson & N. S. Endler (Eds.), *Personality at the crossroads: Current issues in interactional psychology* (pp. 333–352). Lawrence Erlbaum.

Paulhus, D. L. & Williams, K. M. (2002). The dark triad of personality: Narcissism, Machiavellianism, and psychopathy. *Journal of research in personality*, *36*(6), 556–563.

Peterson, C. & Seligman, M. E. P. (2004). *Character strengths and virtues: A handbook and classification.* New York: Oxford University Press.

Prentice, M., Jayawickreme, E., Hawkins, A., Hartley, A., Furr, R. M. & Fleeson, W. (2019). Morality as a basic psychological need. *Social Psychological and Personality Science*, *10*(4), 449–460.

Rand, D. G., Greene, J. D. & Nowak, M. A. (2012). Spontaneous giving and calculated greed. *Nature*, *489*(7416), 427–430.

Rand, D. G., Peysakhovich, A., Kraft-Todd, G. T., Newman, G. E., Wurzbacher, O., Nowak, M. A. & Greene, J. D. (2014). Social heuristics shape intuitive cooperation. *Nature Communications*, *5*(3677), *1–12*.

Rauthmann, J. F. (2021). *The Handbook of Personality Dynamics and Processes*. Elsevier.

Steel, P., Schmidt, J. & Shultz, J. (2008). Refining the relationship between personality and subjective well-being. *Psychological Bulletin*, *134*(1), 138–161.

Thielmann, I., Spadaro, G. & Balliet, D. (2020). Personality and prosocial behavior: A theoretical framework and meta-analysis. *Psychological Bulletin*, *146*(1), 30–90.

Veselka, L., Schermer, J. A. & Vernon, P. A. (2012). The dark triad and an expanded framework of personality. *Personality and Individual Differences*, *53*(4), 417–425.

Zaki, J. & Mitchell, J. P. (2013). Intuitive prosociality. *Current Directions in Psychological Science*, *22*(6), 466–470.

【社心观察】

社会心态研究视角下的心态秩序建设[*]

王俊秀[**]

提　要：社会心态是中国学者关注到了经济改革带来的社会心理变化后提出的概念，费孝通认为自己过去致力于改善民生的研究只关注生态层面而忽略了心态层面，他的心态概念是指群体所表现的生理、心理、意识和精神境界的整体，他主张从人类学、社会学出发研究心态，要建立既包含微观人际关系，也包括族群和国家层面相处的心态秩序。本文提出心态秩序的建构不仅要通过社会心态培育来实现，更重要的路径是通过场域治理来实现。

关键词：社会心态；心态秩序；文化自觉

"心态研究"和"心态秩序"是费孝通先生晚年在学术反思中提出的，他曾多次提到这两个概念，这两个概念也引起了学术界的

---

[*] 本研究为教育部哲学社会科学研究重大攻关项目"新冠肺炎疫情对国民心态的影响研究"（21JZD038）的阶段性成果。

[**] 作者简介：王俊秀，中国社会科学院社会学研究所社会心理学研究中心主任，中国社会科学院大学教授，博士生导师。内蒙古师范大学心理学院特聘教授，博士生导师。中国社会心理学会副会长。研究领域为社会心态、社会心理建设、风险认知与风险社会等。E-mail: casswjx@163.com。

关注和讨论。这两个概念背后，费孝通思考的是中国人民实现小康以后如何走的问题，因此，在中国全面脱贫，实现小康的今天，这个课题更具有现实意义和紧迫性。这一现实意义就是如何在新发展阶段研究社会心态，如何构建适合中国发展的良好的心态秩序。

一　心态与社会心态

首先对费孝通提出的"心态研究"和社会心理学为基础的"社会心态研究"做一个对比，从基本概念，关注的现实问题到理论基础，研究思路和希望达成的目标，发现二者相同和相异之处，寻找共通之处，特别是在费老提出的文化自觉的视角下反思以往社会心态的研究。

费孝通从20世纪30年代开始其"志在富民"的研究，致力于解决中国的贫困问题。改革开放后中国农村经济发生了巨大变化，1992年他提出"心态研究"的设想，他在访问孔林时意识到自己过去的研究只关注社会的生态而忽略了社会的心态，他说："小康之后人与自然的关系的变化不可避免地要引起人与人的关系的变化，进到人与人之间怎样相处的问题。这个层次应当是高于生态关系。在这里我想提出一个新的名词，称之为人的心态关系。心态研究必然会跟着生态研究提到我们的日程上来了。生态和心态有什么区别呢？我们常说共存共荣，共存是生态，共荣是心态。共存不一定共荣，因为共存固然是共荣的条件，但不等于共荣。"（费孝通，1992）

社会心态这个概念的产生要早于费孝通明确提出的"心态研究"，最初，社会心态只是人们生活中的普通用语，并非学术概念。通过中国知网检索发现，社会心态概念出现在1986年，这个时期社会心态相关的文章关注了物价改革和经济改革带来的社会心理变化（古江，1986；左方，1987；叶小文，1989）。之后更多的社会心态概念出现在文章的标题里，社会心态逐渐成为一个学术概念出现在学术文献中。社会心态概念的出现反映了改革开放初期民众心理的变化，社会心态研究因经济改革为代表的社会转型引发的社会心态变化而兴起（王俊秀，2017）。社会心态概念出现20年后社会心态研究迎来了快速发展（叶小文，1989）。一是一些学者开始探讨社会心态概念的内涵、机制、研究对象、研究方法等内容（杨宜音，2006；马广海，2008；王小章，2012；王俊秀，2013a），构建社会心态的指标体系和测量工具（王俊秀，2013b），进行大样本的社会心态调查，在期刊文章的基础上出版社会心态理论（王俊秀，2014a；王俊秀、杨宜音等，2018）和实证研究的著作（杨宜音、王俊秀等，2013；杨宜音、李原等，2018），连续出版社会心态蓝皮书[①]，社会心态研究学术体系初步建立，吸引了越来越多的学者参与。二是社会心态概念出现在中央社会经济政策文件中，随之进入以国家社会科学基金为代表的各类基金指南中，促进了社会心态研究的繁荣。中央在"十二五"规划和党的十八大报告中都提出培育奋发进取、理性平和、开放包容的社会心态，到党的十九大时提出了加强社会心理服务体系建设，培育自尊自信、理性平和、积极向上的社会心态。在这样的背景下，社会心态的研究开始出现了大繁荣景象。

二　从心态到心态秩序

心态研究是费孝通未能完全施展开的一个研究课题，

[①] 参见王俊秀、杨宜音主编的社会心态蓝皮书，2011年至2021年每年由社会科学文献出版社出版。

他并没有对心态给出明确的定义,他用"精神世界""意会""心""我"等概念作为心态研究的可能方向,提醒人们应该注意人和人交往过程中"不言而喻""意在言外"的境界。他认为,心态应当成为社会学的一个基本的关注点,并倡导超越既有的研究路数及传统,完成心态研究的转向(赵旭东、罗士泂,2019)。他认为自己着眼于发展的模式,没有充分注意人在发展中是怎样思想,怎样感觉,怎样打算(费孝通,1994a)。从社区的角度,"聚居在社区里生活的一个个人内心世界是怎么样的?他们有什么忧喜哀乐?他们有什么希望和追求?他们有什么梦,有什么心事?"(费孝通,1993a)晚年谈到他的老师史禄国先生所自创的一个英文词"psycho-mental complex",他将这个词翻译为心态,"晚近称 Psychology 的心理学又日益偏重体质成分,成为研究神经系统活动的学科。史氏总觉得它范围太狭,包括不了思想,意识,于是联上 mind 这个词,创造出 Psycho-mental 一词,用来指群体所表现的生理、心理、意识和精神境界的现象,又认为这个现象是一种复杂而融洽的整体,所以加上他喜欢用的 complex 一字,构成了人类学研究最上层的对象。这个词要简单地加以翻译实在太困难了。我近来把这一层次的社会文化现象简称作心态,也是个模糊的概括"(费孝通,1994b)。从中可以看出费孝通心目中的"心态"不同于心理学的心理,也不同于哲学的精神,至少是心理和精神的综合。他主张从人类学、社会学出发研究心态,意味着费孝通的心态概念是不同于现有社会学、心理学、哲学概念的全新概念,对心态概念的进一步阐释包含在他的心态秩序的论述中。一个表述是他的启蒙老师派克所指出的人与人关系中的两个层次,利害关系和道义关系,"一个全球性的社会不能只有利害的层次而没有道义的层次。没有比当前世界更需要一个道义的新秩序了"（费孝通，1993a）。另一个表述是关于价值体系，他认为，"必须建立的新秩序不仅需要一个能保证人类继续生存下去的公正的生态格局，而且还需要一个所有人类均能遂生乐业，发扬人生价值的心态秩序"（费孝通，1993b）。他认为他的老师潘光旦根据儒家的中庸之道提出的"位育论"提到的"安其所，遂其生"，倡导的不仅是生态秩序，也包含心态秩序。这种心态秩序既包含微观人际关系层面的人与人相处，"人同人相处，能彼此安心、安全、遂生、乐业，大家对自己的一生感到满意，对于别人也能乐于相处"（费孝通，2009），也包括族群和国家层面的人与人相处，联系到海湾战争背后的宗教、民族冲突，东欧和苏联的民族斗争和战火，费孝通指出，"我在孔林里反复地思考，看来当前人类正需要一个新时代的孔子了。新的孔子必须是不仅懂得本民族的人，同时又懂得其他民族、宗教的人。他要从高一层的心态关系去理解民族与民族、宗教与宗教和国与国之间的关系。目前导致大混乱的民族和宗教冲突充分反映了一个心态失调的局面。我们需要一种新的自觉"（费孝通，1992）。

三 心态秩序建立与社会心态培育

心态秩序建立的目标就是在多元文化的背景下为人类找到一个和平共处的共同秩序（费孝通，1997a），费孝通的文化自觉、中华民族多元一体格局等都可以视为心态秩序建立的理论基础。费孝通认为社会有三层秩序，第一层是经济的秩序；第二层是政治上的共同契约，有共同遵守的法律；第三层是大众认同的意识，

社会心态研究视角下的心态秩序建设

也就是他所指的道义秩序。（费孝通，2009b）费先生非常有名的四句话——"各美其美，美人之美，美美与共，天下大同"很好地概括了心态秩序的目标。

可以看出，无论是心态研究还是社会心态研究，关注的问题都是一致的，心态研究落在心态秩序的建立，社会心态研究则落在良好社会心态如何培育的问题，换言之就是健康社会应该具有什么样的心态？如何培育有利于社会良性运行的发展心态？虽然费孝通的心态与社会心态存在一定的差别，"但是这丝毫不影响我们再次返回去思考费孝通当初提出心态研究的历史背景以及具体思路，他关于心态研究的表述对于今天的心态研究仍有重要指导意义"（赵旭东、罗士泂，2019）。在费孝通心态秩序、文化自觉的视角下，反思这三十多年的社会心态研究，非常有利于共同探索中国特色的心态秩序的理论建构。

心态或社会心态研究是心态秩序建立的基础，可以使我们对人与人之间的关系、群体和社会的心理有更深入的理解，但仅从心态或社会心态培育的角度是无法实现心态秩序的建立的，必须从社会治理的层面来努力。我们认为，社会心态是在一定时期的社会环境和文化影响下形成的，社会中多数成员表现出的普遍的、一致的心理特点和行为模式，成为影响每个个体成员行为的模板（王俊秀，2014b）。社会心态研究不同于以往社会心理学和社会学的概念，需要对应于独特的研究范式，需要摆脱社会心理学情境论的局限，从宏观和社会变迁层面来关注社会心态，因此社会心态研究要靠社会学、人类学、社会心理学、哲学等学科共同努力，单一学科都是有局限性的，费孝通（2003）提出的扩展社会学传统学科界限的主张同样适用于人类学、社会心理学等学科，社会学、人类学要关注人的心态，社会心理学也要关注宏观的社会和社会心态，这些学科都要关注人的精神世界和意义层面。多学科共同关注才能对社会心态有更深入的理解，才能找到心态秩序建构的路径。在研究方法上，过去的社会心态研究基本上是基于大样本调查的方法，在网络大数据研究逐渐成熟后，大数据研究可以弥补既有社会心态研究在微观层面的个人心理上升到宏观层面机制后的不足，更为生态化、系统化、持续性的研究能够实现共时性和历时性的结合。不同学科的社会心态研究可以有不同的视角和切入点，社会心理学视角的社会心态研究采取的是心理学的基本结构，从社会需要、社会认知、社会情绪、社会价值观和社会行为倾向五个方面来理解社会心态的构成，并以这五个方面作为社会心态的一级指标，在每一个一级指标下建立若干二级指标，对这些指标编制测量工具，反映这一指标的变化，从这样一套指标体系来反映社会心态的特点，在大样本调查的基础上，可以对特定群体和不同时期社会心态进行描述和比较，了解一定时期社会心态的特点和变化。比如在社会认知指标下的二级指标包含了幸福感、安全感、获得感等，也包括了人际关系的社会信任和社会认同等，在社会需要指标下包含了二级指标美好生活需要等，加上社会情绪和社会价值观的指标，就可以综合反映社会心态的特点，发现社会心态中积极和消极的内容，调整社会心态培育的方向。

但是，心态秩序的建构不能只通过社会心态的培育来实现，这只是其中一条路径。从社会心态结构的角度看，建构心态秩序就是在社会认知上能够形成社会共识，在社会价值观上能够形成共享的价值体系，在社会情绪上整体表现为积极的、有利于社会发展的。社会共识在社会心态引导和培育中尤其重要，"在现代理论中，新的社会秩序本身必须是基于共识"（成伯清，2018）。

心态秩序更重要的路径是通过场域治理来实现，也就是从个体、家庭、学校、职场、社区、社会、国家和天下等不同社会场域着手，分别探究社会治理的问题和难点，探索心理学解决这些现实问题的方法，实现不同社会场域下社会心态的改善，达到社会治理的目的。费孝通晚年想到用"场"的概念来补充"差序格局"，并把国家的领土概念引申到文化领域，把边界的概念改变成"场"的概念，不同中心所扩散的文化场可在同一空间互相重叠，在人的感受上有不同的生活方式、不同规范的自主选择，冲突变成嫁接、互补、导向融合（费孝通，1997b）。成伯清也认为以相对共时性的"场域"视角，辅以历时性的"社会轨迹"是探究社会心态的适宜框架（成伯清，2016）。

参考文献

成伯清（2016），《心态秩序危机与结构正义：一种社会学的探索》，《福建论坛》（人文社会科学版），第11期，第130—138页。

成伯清（2018），《心性、人伦与秩序——探寻中国社会学之道》，《南京社会科学》，第1期，第2—68页。

费孝通（1992），《孔林片思》，《读书》，第9期，第3—7页。

费孝通（1993a），《略谈中国的社会学》，《高等教育研究》，第4期，第3—9页。

费孝通（1993b），《中国城乡发展的道路——我一生的研究课题》，《中国社会科学》，第1期，第3—13页。

费孝通（1994a），《个人·群体·社会——一生学术历程的自我思考》，《北京大学学报》（哲学社会科学版），第1期，第7—17、6、127页。

费孝通（1994b），《人不知而不愠》，《读书》，第4期，第41—54页。

费孝通（1997a），《开创学术新风气——在北京大学重点学科汇报会上的讲话》，《高校社会科学研究和理论教学》，第3期，第1—3页。

费孝通（1997b），《反思·对话·文化自觉》，《北京大学学报》（哲学社会科学版），第3期，第15—22、158页。

费孝通（2003），《试谈扩展社会学的传统界限》，《北京大学学报》（哲学社会科学版），第3期，第5—16页。

费孝通（2009a），《费孝通文集（第十四卷）》，呼和浩特：内蒙古人民出版社，第241—258页。

费孝通（2009b），《费孝通文集（第十四卷）》，呼和浩特：内蒙古人民出版社，第243页。转引自赵旭东、罗士泂（2019），《生态到心态的转向——一种基于费孝通晚年文化观的再思考》，《江苏行政学院学报》，第3期，第32—39页。

古江（1986），《试论改革与社会心理环境》，《安徽师大学报》（哲学社会科学版），第4期，第38—44页。

马广海（2008），《论社会心态：概念辨析及其操作化》，《社会科学》第10期，第66—73、189页。

王俊秀（2013a），《社会情绪的结构和动力机制：社会心态的视角》，《云南师范大学学报》（哲学社会科学版），第45卷第5期，第55—63页。

王俊秀（2013b），《社会心态的结构和指标体系》，《社会科学战线》，第2期，第167—173页。

王俊秀（2014a），《社会心态理论：一种宏观社会心理学》，北京：社会科学文献出版社。

王俊秀（2014b），《社会心态：转型社会的社会心理研究》，《社会学研究》，第29卷第1期，第104—124、244页。

王俊秀（2017），《中国社会心态研究30年：回顾与展望》，《郑州大学学报》（哲学社会科学版），第50卷第4期，第10—16、158页。

王俊秀、杨宜音等（2018），《社会心态理论前沿》，北京：社会科学文献出版社。

王小章（2012），《结构、价值和社会心态》，《浙江学刊》，第6期，第5—9页。

杨宜音（2006），《个体与宏观社会的心理关系：社会心态概念的界定》，《社会学研究》，第4期，第117—131、244页。

杨宜音、李原等（2018），《社会心态研究新进展》，北京：社会科学文献出版社。

杨宜音、王俊秀等（2013），《当代中国社会心态研究》，北京：社会科学文献出版社。

叶小文（1989），《变革社会中的社会心理：转换、失调与调适》，《中国社会科学》，第5期，第15—30页。

赵旭东、罗士泂（2019），《生态到心态的转向——一种基于费孝通晚年文化观的再思考》,《江苏行政学院学报》,第3期,第32—39页。

赵旭东、罗士泂(2019),《生态到心态的转向——一种基于费孝通晚年文化观的再思考》,《江苏行政学院学报》,第3期,第32—39页。

左方(1987),《收入差距和社会心态》,《经济理论与经济管理》,第1期,第53—57页。

增进中华民族共同性的心理路径*

管 健**

摘 要：铸牢中华民族共同体意识是新时代党的民族工作的主线，如何从心理视角切入中华民族共同体铸牢大业，增进中华民族共同性的宏大叙事是本研究着力思考的焦点。由此，希冀从树立和突出共享表征、强化社会联结、增强群际相似、微观叙事话语、细化多元动机、激活共同体悠久感知等视角，深度挖掘宏大民族政策体系中的微观方案和具象心理路径。

关键词：中华民族共同体意识；共同性；心理路径

2022年习近平总书记在中国共产党第二十次全国代表大会上强调，以铸牢中华民族共同体意识为主线，加强和改进党的民族工作，这是对我国多民族国情和历史文化的准确把握，是推动新时代党的民族工作高质量发展的重要保障，是党的民族工作和民

---

* 本文系国家社会科学基金重点项目"铸牢中华民族共同体意识的心理助推策略研究"（项目编号：21ASH011）阶段性成果。
** 作者简介：管健，南开大学周恩来政府管理学院教授、博士生导师，中国社会心理学会副会长，中国心理学会社会心理学专业委员会主任，中国社会学会社会心理学专业委员会副主任。研究领域为社会心理学、共同体认同、群体心理与群际过程等。E-mail: nkguanjian@nankai.edu.cn。

族理论与时俱进的创新发展,是新时代增进民族团结、做好民族工作的重要抓手,更是中国式现代化进程中民族工作的鲜明主线。中华民族共同体意识是国家认同、民族交融的情感纽带,是国家统一、民族团结的思想基石,是中华民族绵延不衰、永续发展的力量源泉。聚焦增进共同性,不断增强各族人民的"五个认同",是对共同体形成的自觉认同和主动归属。

费孝通在《中华民族多元一体格局》(2018)的代序中提出"共同文化特点的共同心理素质",他认为,这一特征"最不容易琢磨",甚至"尚无甚解"。他自述,"有一段时间我将其笼统地看成是少数民族所有的特殊风俗习惯,认为是超俗的、不允许触犯的、带有神圣性质的象征。我注意到'心理素质'几个字,想从人们心理方面去看民族意识是怎样形成的。这个思路引导我在理论上进一步探索,并从'in-group'和'we-group'引申出不同情感和态度对待两种群体,凡是与自己同属一个群体的就是自家人,相互之间痛痒相关、休戚相关。自家人的认同意识就发生了共同的命运感和共同的融入感。'in-group'和'we-group'就是认同意识,从这一思路上出发,民族心理素质就是民族认同意识,民族认同意识不是空洞的东西,是每个人可以通过自己的反省加以体会的"。费先生强调,研究民族的深层次问题需要关注心理,这是解决民族问题的核心,民心相通才是最大的政治。

中华民族是休戚与共的民族实体,是多元的统一体,是经济共同体、命运共同体,也是责任共同体。铸牢中华民族共同体意识作为新时代民族工作的主线和民族研究的重要议题,兼具学理性与实践性,需要多学科学术共同体通力合作、长期跟踪、沉潜务实,助其理论突破与实践创新。由此,应以中华民族共同体为学科群原点,守正创新,学科聚力,强调"一体性",增进"共同性",建构包摄水平更高的群体认同,弱化原有的群际边界,激活更多群际相似,拉近各民族之间的心理距离,强化民族间信任与积极情感,培育共同体意识,增进一体感与共同性。

一 共享表征激活共同性感知

共享表征是个体与他人感知的协同表征的理解和体验,自我和群体之间的重叠是自上而下的,个人特征投射到群体便会产生基于自我锚定的群体认同。共性认知是中华民族共同体意识认知维度的重要内容,它是群体之间相似性的感知,是对中华民族的共同地域、共同历史、共同文化、共同记忆、共同经历的共识性认知,是经时间积淀而成的共同符号表征,是共同体意识的基础。共享表征水平越高,其群体认知度越高,则更有利于形成强有力的共同内群体关系纽带。中华文化博大精深、源远流长,拥有丰富的文化内涵、精神文明成果与多样的文化形式,同时造就了与之相对应内涵丰富的中华文化符号。共同体符号经过长时间的历史沉淀,由社会成员有意识或无意识地选择,最终为其广泛认同并传承下来,这是中华民族精神与中华文化的形态表征,是中华民族共同体形成与发展过程中历史记忆与集体意识的体现。语言文字符号、人物形象符号、自然地理符号、景观建筑符号、庆典仪式符号、艺术文化符号等都将对共同体感知的共享性产生影响,共享的共同体共有符号有助于激活共同体感知。

二 社会联结增强群际相似

本尼迪克特·安德森(Benedict Anderson)认为,民族是想象的共同体，即使是最小民族的成员，也不可能认识周围大多数的同胞，然而其相互联结的意象却存在于每一个成员心中（2003）。安德森强调的是想象意识培育的建构性，即个人对于超出其日常生活的任何人群的认同都来自想象的跨越，因此共同体是想象的共同体，可以依靠社会联结的强化作用，依靠共同内群体中成员对社会和文化规范的行为期望和规则认知，促进对规范化行为模式的肯定和积极认同的建构。正是因为个体常常依赖他人获得行为和态度的倾向性信息，社会规范和角色榜样恰好可以带动其态度形成。共同经历和共同命运的相关研究发现，人们倾向于与自己具有同样情感经历的他人建立社会联结，而具有角色榜样特质的典型性表征能提升个体与之联结的强度，强化模仿与遵从。因此，树立积极群际合作的角色榜样可以提供有效的促进与启动作用，民族同伴信息所提供的积极示范效应可以通过同伴互动联结对个体产生影响，进一步增强其群体相似性感知。

三 微观叙事助力共同性意识

选择架构的核心在于通过对受众心理的把握，创设特定情境，改变特定条件，使其完成既定目标。框架效应是个体在决策和偏好中表现出因信息表达方式而发生变化的现象，这是同一事件由于表达方式和措辞不同而造成目标群体对备择选项的认知变化的典型机制，这一机制会因呈现框架而显现对事件态度、偏好等心理反应的变化。正是因为框架效应的存在，同样的信息以不同形式描述或呈现会对人们的态度、偏好或行为决策产生影响，由此合理运用框架效应也可以预设能够增强公众对铸牢中华民族共同体的认同度和支持度。例如，在铸牢中华民族共同体意识中，在强化国家立场的上位传播框架中补充个人立场的微观框架，将会显著提升公众对共同体意识的认同度和亲切感。宏观上位立场关注国家政策层面如何使用表述方式使传播信息和受众业已存在的基础认知图示产生共鸣，补充微观立场则可以进一步从微观个体层面揭示个体做判断时在认知和心理层面上如何使用相关信息和表述风格。二者虽然都从各自角度呈现同一主题信息，同时对于铸牢共同体意识产生影响，但是微观立场中受众的自我卷入程度更强，心理距离和感受更为接近，因而对个体情绪激发和行为影响更加积极和明显。又如，以往的传播大部分是从收益选择架构的视角出发，如能适当补充损失选择架构则可以对共同体意识进行更好的夯实，收益框架和损失框架并行传播将有助于铸牢共同体意识。此外，调节匹配理论强调当个体的动机取向与信息框架一致时，个体将认为该信息更可信，更具说服力。强化铸牢中华民族共同体意识既可以被描述为与成长相关（如个体获得更多的职能发展），也可以被描述为与更多的安全相关（如个体能更稳定地获得全民医疗保障）。那么也可以预设，成长型受众与共同体意识的促进定向成正相关，安全型受众或与共同体意识的防御定向成正相关，因此与不同的信息选择架构形成动机匹配可能更有助于具体路径的实现。

四 多元动机增进共同性驱力

增进共同性建议关注目标群体的多元动机系统，根据多元性与复杂性精准做好工作。中华民族共同体意识是在一系列引导、教育、宣传下对共同体意识内在价值理念的认同和对行为规范的遵从，是从被动接受到主动认同，再到自觉实践的过程，是外在价值和内在价值逐步统一的过程。动机性认同建构理论主张认同过程受到连续性、辨别性、意义性、归属性和效能性驱力的影响，身份动机可以满足人们的心理需要。由于其复杂性与交互性，其对心理效应的推动也有所不同。不同的动机在建构、维持、改变过程中协同发挥驱动性作用。正是因为目标群体具有多元动机系统，因而应根据多元性与复杂性精准做好铸牢工作。随着经济社会的迅速发展，具有更强共同体探索的个体在薪水回报、职业机遇和职位晋升等方面更加有利，也可以将激活社会性发展、知识理解，尤其是职能拓展作为激活目标。在动机理论层面，自我决定性根据自我整合程度的不同，可以将动机分为受控动机和自主动机，前者是个体出于内部或外部压力而从事某行为的动机，后者是个体出于自己的意愿和自由选择而从事某行为的动机。增进共同性感知，应找到更多激活自主动机的路径，尤其是激活自我决定性动机，形成建设性和持久性的认同感。

五　共同体悠久感知激活内生动力

中华民族是历史悠久、饱经沧桑的古老民族，更是自强不息、朝气蓬勃的青春民族。其作为一个自觉的民族实体是在近百年和西方列强对抗中出现的，但作为一个自在的民族实体则是在几千年的历史过程中形成的，其蕴含了绵延不绝的思想意蕴。因此，一部中国史也是一部多元与差异共存的中华文化共同史。共同体的意义来源于中华民族的悠久历史文化，其概念扩大了时间的感知范围，使得人们可以思考现在、过去和未来的关系。心理学研究证实，感知的共同体历史越长，直观感受到的共同体未来也越长，这一直观感受容易激发人们对于共同体未来的责任感，进而更能从共同体的未来考虑而付诸行动。可见，如能提升公众对共同体悠久历史的感知，便可促进面向共同体未来的期望和动力。人们越投入时间思考过去和未来，就越认为当前的生活具有意义，自我在时间意义上的发展也越具有延续性。当与未来自我的关联程度较高时，人们更容易关心自己和所属群体的未来，更愿意从事对未来有益的行为。因此，未来自我连续性信息的积极呈现将有效提升中华民族共同体感知，并通过相似性、生动性和积极性加以夯实。未来自我与现在自我联系的紧密程度直接影响人们为未来自我做出的选择和判断，因此强化未来自我连续性知觉可以促进个体为未来自我夯实共同体感知，强化未来情境思维，增强共同体建构的动力性，提升命运共同体感知。个体对共同体未来发展越积极，共同体意愿就越强。总之，凸显共同体的悠久历史感知可以助推少数民族群体看向更远的未来，进而产生对共同体未来的更多关切、更强责任感，即共同体动机，找到各民族寻求利益的最大公约数。

共同性感知是中华民族共同体意识认知维度的重要内容，它是各民族之间"一体性"与"共同性"的感知，是经时间积淀而成的有机联系，是中华民族共同体发展中各民族共同生产、共同生活、相互交往中形成的共同性，是铸牢中华民族共同体意识的基础。增进共同性感知，是中华民族凝聚力不断增强的基础，是推动各民族共同走上中国式现代化道路的心灵基石，为此心理学应发挥更大作用。

参考文献

［美］本尼迪克特·安德森（2003），《想象的共同体：民族主义的起源与散布》，吴叡人译，上海：上海人民出版社。

［德］斐迪南·滕尼斯（1999），《共同体与社会：纯粹社会学的基本概念》，林荣远译，北京：商务印书馆。

费孝通（2018），《中华民族多元一体格局》，北京：中央民族大学出版社。

郝时远（2020），《新时代中国民族学研究回顾与展望》，北京：社会科学文献出版社。

［英］齐格蒙特·鲍曼（2003），《共同体：在一个不确定的世界中寻找安全》，欧阳景根译，南京：江苏人民出版社。

Dietze, P. & Craig, M. A. (2020). Framing economic inequality and policy as group disadvantages (versus group advantages) spurs support for action. *Nature Human Behaviour*. *14*(12): 1154—1162.

Hershfield, H. E. (2011). Future self-continuity: How conceptions of the future self-transform intertemporal choice. *Annals of New York Academy of Sciences*, *1235*(1): 30—43.

中国人的情绪调节及社会分享

黄敏儿[*]

摘 要：本文从个体内到人际间探讨中国人的情绪调节基本过程。个体内情绪调节中，表达抑制、认知重评、适当表达之间相互协同起效，彰显本土文化特色。中庸思维催生更灵活的情绪调节。情绪社会分享中，关系相关性、自我感觉、对方回应等因素可影响人际调节效果。

关键词：认知重评；表情抑制；情绪社会分享；中庸思维

人世间，充满喜怒哀乐、悲欢离合、爱恨情仇。漫长人生，没有深刻持久的情感驱使，难以成就稳固的事业和精彩的人生。古人云，人生四喜——久旱逢甘雨，他乡遇故知，洞房花烛夜，金榜题名时；人生四悲——少年丧父母，中年丧配偶，老年丧独子，少子无良师。当顺利满足时，人们愉悦欢喜；受阻不顺时，则悲愤苦闷。情感是发自内心的信号和提示，进展是否顺利，是否受威胁，能否解决，要如何努力，如何安顿未来，等等。在情感动力驱使下，个体将调动认知及人际资源，开拓思路，组织力量理解现实，解决问题。人生发展面临各式各样的问题和困境，有简单明了、易

---

[*] 作者简介：黄敏儿，中山大学心理学系教授，博士生导师。研究领域为情绪调节、健康心理学、人格与社会心理学。E-mail：edshme@mail.sysu.edu.cn。

于解决的；也有模糊复杂，需要长期努力才能安稳完成的。因此，情绪及其调节实质上就是个体如何接收和处理情感信息，调动资源促使问题解决的过程。

一 情绪调节基本过程

我们从认知评价和情绪反应两个环节来研究情绪调节过程及其调整策略。当面临可能引起情绪的各种情境，遭遇重要挑战、威胁、损失等，认知评价将快速激活内部情绪反应系统，在中枢—外周生理反应、面部及躯体的表情行为、主观体验等形态协调方面发生变化，驱动和组织心理和行为反应。随着生理唤醒、表情行为、主观体验的减弱或增强，个体内或人际间情感动力性更新。婴儿情绪调节相对比较简单。当婴儿饿了或身体不舒服时，会哭闹，引起照顾者的注意，这是婴儿情绪的人际调节效应。成年人的情感反应细腻复杂，很多时候需要融入一定的认知和行为调整。一个正在工作的售货员，需要隐藏所有心烦意乱的情感，给顾客展现清晰积极的促销态度。如图1所示，人格特质、文化思维也会融入情绪调节过程，影响个体内的认知及行为，以及人际间的情绪交流。

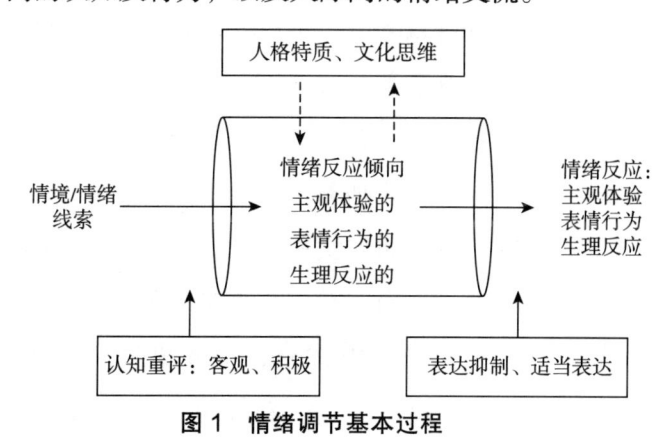

图 1 情绪调节基本过程

情绪反应本身也是一个灵活可塑的过程，接受认知理性和价值评估的调整。人们需要照顾环境／情境的要求，考虑工作目标和问题解决进程，从认知角度给予客观理性、长远实际、积极乐观的再评，从情绪表达角度克制冲动，拿捏恰当的表达形式。在竞技体育训练场上，教练指导队员训练，需要及时反馈动作要领，让队员了解改进要点。优秀的教练会从队员角度出发，从队员特点和进步趋势角度启发，态度自然、心平气和，队员如沐春风。没有耐心、脾气暴躁的教练往往没有站在队员角度考虑（客观、积极的认知再评）。当没有达到预期的训练效果时，教练容易有挫折感，烦躁发怒，队员则会诚惶诚恐，不利于吸取经验积极改进。表面简单服从，实则我行我素，躺平摆烂。这种情况也常发生于有交流障碍的亲子关系和师生关系中。

（一）认知重评：客观与积极的认知拓展

情绪调节的基本策略聚焦于情绪反应前后两个环节。一个环节聚焦于评价过程的认知重评（cognitive reappraisal）。认知重评着重调整思考方式和角度，拓展思维，包括客观认知重评（第三方角度，自我抽离重评），积极重评（positive reappraisal）。如果陷入沉思／反刍（rumination），在初级评估基础上沉湎其中，反复体验，挥之不去，则属于缺乏认知重评。例如，某985大学计算机系新生，原本觉得自己在中学时成绩优秀，可是，入学不久发现大学课程难度骤增，老师教学方法变化巨大。教学内容涉及面广，进度快，与中学时期大量做题就能取得高分的学习方法全然不同。而且，身边"学霸"林立，奥数竞赛高手比比皆是，顿觉压力和焦虑，觉得自己不够优秀，不够聪明，知识面不够广，诸多缺点，没有朋友，难以适应。新环境和学业压力引起的焦虑能促使他对新生活做出认知重评,从时空大环境变化角度做出自我抽离的审视,分析焦虑和压力来源,确定优势及可改善短板,合理制订学习计划,积极参加社团社交活动,熟悉校园环境。这个调整过程中,需要启用大量客观认知重评、积极认知重评。压力和焦虑促使其产生积极合理的调整,是进步和成长的开始。如果他没有及时拓展思维,客观分析新环境,采取积极乐观的行动计划,有可能沉湎于焦虑,形成心理障碍,成长滞后,适应不良。

当面临厌恶情绪时,客观理性的认知重评能够有效减弱消极情绪(黄敏儿、郭德俊,2002)。客观认知重评有助于问题解决从而提升主观幸福感,积极重评则能增强自我接纳从而提升主观幸福感。遇到困难和遭遇挫折时,加强心理建设,增强客观认知重评和乐观积极重评,将促进问题解决,增加自我接纳,增强主观幸福感。认知重评强调拓宽思维、客观理性、换位思考、积极乐观,顾未来、重实效。而且,认知重评有助于预先规划未来事件的发展,促成积极理性健康的发展。因此,理性与积极的认知重评有助于妥善解决问题,增进社会人际关系,保持人格可持续发展。

(二)表达抑制:冲动克制,促使认知重评和适当表达

另一环节聚焦情绪的表达抑制(expressive suppression)。当情绪激活到一定程度,情绪三个基本形态协同反应,相互耦合,驱动功能连贯的适应行为。情绪相关的中枢—外周生理唤醒形成生理形态影响个体行动倾向。生理唤醒在面部及躯体外周生理反应外展形成表情行为,作为人际和社会信号,驱动人际社会交流。外周生理激活的感觉反馈合并认知评价,整合主观情感体验,促使认识对情绪的调整。总之,情绪反应以不同形态驱动认知和行

为，启动人际交流，调动资源解决困难，增进人际关系。聚焦情绪反应的情绪调节方式具有多样性。在人际互动环境中，情绪表达过程受诸多社会规范和人际因素调整，大多数条件下需要拿捏表达的形式和内容，以收到良好的交流效果。因此，抑制和掩盖表情行为，避免冲动表达，是通常惯用的行为策略。

表达抑制不仅不会减弱内心情感体验，还会引起更强的生理反应（黄敏儿、郭德俊，2002），抑制记忆（Richards & Gross，2000），抑制人际亲密度和关系满意度，减弱社会交往真实感，并引起交流障碍和人际隔阂（向翠萍、孙莎莎、黄敏儿，2016）。然而，比较文化研究显示，表达抑制与注重社会等级及人际和谐的文化价值有显著相关。东亚文化下表达抑制的负面效应减弱；表达抑制习惯也会减缓表达抑制策略引起的即时人际负面效应。可见，在东亚文化背景下表情抑制可在一定程度上减缓社会与健康等多方面的消极后果。

在注重社会等级、人际和谐、长远实效的东亚文化背景下，作为基本策略，表达抑制往往只是情绪调节的起点，后续还需要诸多认知调整和适当表达的跟进。台湾家庭中亲子关系冲突的情绪调节研究表明，表达抑制与主观幸福感和关系质量都没有显著的关联，认知重评正向预测主观幸福感，适当表达正向预测主观幸福感和关系质量。可是，表达抑制与认知重评和适当表达都有显著的关联（Sundrararajan，Yeh，Ho，2020）。因此，研究者提出了一个中华本土文化的情绪调节模型，包括表达抑制、认知重评、适当表达三个阶段的协同促进。依据这个模型，当面临人际冲突时，首先需要表情抑制，克制冲动的情绪表达。然后需要进行认知再评，分析和品味冲突中各种情绪信息。诸如体验到什么、为什么会这样、客观情况如何、对方实际怎样考虑、该怎样处理，等等。最后考虑在恰当的时间以恰当方式进行交流。表达抑制并非单一的调节策略，需要有认知重评的跟进提炼，还需要有后续的恰当表达。这个模型表明华人文化情感具有克制、思虑与委婉的特点。

（三）中庸致和：情绪调节的中庸之道

中庸思维强调不偏不倚，执两极而允中。在处理冲突和复杂社会问题时，中庸信念与价值强调顾大局、顾实效、懂妥协、顾长远（杨中芳，2010）。我们理解的中庸处世哲学，基本上是不冲动，不走极端，顾多方，顾面子，表达委婉和谐，心安理得求安稳。中庸思维既是封建社会发展长期衍化的文化产物，也是个体社会发展的经验积累。

在情绪调节过程中，中庸观念和价值会融入认知重评，拓展认知广度，加深思维深度，有助于多角度理解复杂情境，提升解决问题能力，获得更多的社会支持和幸福感。在情绪表达方面，中庸实践思维强调"三思而后行"，避免冲动，顾及面子和人际和谐。因此，在情绪调节过程中，强调先克制冲动表达，客观思考问题所涉及的多方利益，顾及实效和长远，妥善解决问题。中庸思维能预测较好的社会幸福感和较少的适应问题。而且，中庸思维可缓解表达抑制的负面效应，缓解表达抑制对社会支持感的减弱效应以及与负情绪的增强联结。总之，表达抑制总体上不利于社会适应。可是，中庸思维可以缓解其负面效应（Cui, Tang, Huang, 2022）。表达抑制克制冲动表达，与中庸思维之间存在某种契合。而且，抑制冲动有助于中庸思维融入认知重评，有时间拿捏恰当表达。行为克制，顾大局、顾多方、顾实效、顾长远，才能妥善解决复杂社会问题，做到合情合理、长治久安、心安理得。

情绪调节灵活性在中庸实践思维促进社会适应之间起重要的作用。研究测量了中庸思维、情绪调节灵活性及多项社会适应指标。结果显示，认知评价灵活性中介了中庸思维与安适幸福感之间的联结，情绪表达灵活性中介了中庸思维与社会支持感之间的联结。也就是说，中庸思维能促使更多的评价灵活性和表达灵活性，促进安适幸福和社会支持（黄敏儿、唐淦琦、易晓敏、孙莎莎，2014）。可见，中庸思维养成更灵活的情绪调节，促进社会适应和个体幸福感。

二 情绪社会分享对人际关系的影响

当人们遭遇各种情绪事件时，个体内情绪调节及人际间的情绪调节会同时展开（图2）。个体内情绪调节，正如前文所述，主要是重新评估引起情绪的环境因素及个人因素、前因后果、应对策略、未来影响，等等。同时，个体也会在情绪表达上做出适当调控，以恰当形式对他人表达和分享。情绪社会分享属于情绪表达范畴，特指采用言语方式，向他人交流传递情绪事件信息（Rime, Mesquita, Philippot, Boca, 1991）。情绪社会分享是情绪驱动功能在人际范畴的进一步作用，属人际情绪调节。

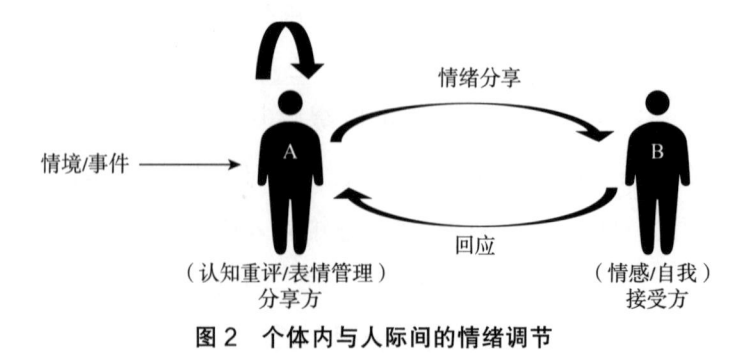

图2 个体内与人际间的情绪调节

（一）情绪社会分享可维持和促进身心健康及社会适应

情绪社会分享引起分享者和接收者的愉悦体验。积极事件的分享会提升积极情绪（Gable & Reis，2010）。在亲密关系中，积极情绪分享与较高的人际幸福感相关，相关测量指标如、关系亲密感、婚姻满意度、承诺、信任、人际喜欢及关系稳定（Gable, Reis, Impett & Asher，2004）。情绪社会分享可增进人际关系，对建立和维持社会关系具有重要作用。情绪分享的积极效应不仅发生于短期关系，对长期关系也同样有效（Impett, Beals & Peplau，2001）。消极情绪的社会分享有时也出现与积极情绪人际分享类似的效应（Christophe & Rimé，1997）。元分析研究指出，书写情绪经历会对那些创伤经历者的心理健康和幸福感有促进作用。而且，它与社会关系和认知功能也有正相关（Frattaroli，2006）。在网络上的自我暴露同样可以改善人际关系（Kwak, Choi, Lee，2014），且高水平的自我暴露会让人们觉得人际关系更密切。

（二）情绪分享过程中回应方式的社会效应

在情绪分享过程中，接受方回应是情绪调节起效的重要环节。无回应或不恰当回应可能导致人际情绪调节失败（Martin, Kim & Freyd，2018）。当个体 A 向 B 分享好消息时，如果 B 给予消极的或破坏性的回应，A 和 B 的关系会变得更糟（Gable & Reis，2010）。当 A 向 B 分享消极情绪事件，如果 B 给予了共情回应，A 则能较好地从消极情绪中恢复（Nils & Rimé，2012）。消极的回应将降低他人情绪分享的意愿（Martin et al.，2018）。

研究收集了 150 对情侣的数据，采用行动者—对象互依模型进行统计分析，分析情绪分享对亲密关系满意度的作用机制。结果表明，在情侣间情绪分享与关系满意度之间，感知回应起完全或部分的中介效应。情侣之间的情绪分享通过感知到的回应促进关系满意度。情绪分享和回应共同起效。其中也存在性别差异。对于男性，积极情绪分享只对对方更有价值，而消极情绪分享则只对自身有价值。女性的积极情绪分享对自身更有价值，消极情绪分享则需要满意的回应。良好回应促进人与人之间进一步的互动和循环，形成社会联结，增强社会适应（杨柳、黄敏儿，2022）。

在亲子互动中，存在有效和无效两类回应方式。有效回应提供认可、共情，给予建议，鼓励情绪表达等。无效回应会无视/蔑视分享者体验，惩罚情绪表达，转移话题等（Linehan，1997）。只有在有效回应的条件下，分享开心或不开心事件后的情绪强度才会发生变化（Muir, Brown & Madill, 2015）。回应方式可分为情感卷入、认知卷入、行为卷入、给予关注、幽默、拒绝、责备对方等不同类型。以安慰宽心支持为主的情感卷入回应方式比力求改变他人想法的认知卷入回应更受欢迎。在人际互动中，如果回应者对有创伤经历的情绪分享者做一些认知方面的工作，会对创伤的恢复起重要作用（Rimé, 2009）。

为了考察情绪分享与回应方式对人际关系的影响，我们研究设计积极与消极情绪分享及不同回应对关系质量的影响。结果显示，分享积极情绪比消极情绪总体对关系质量有更大的促进效应。在回应方式中，支持性回应对关系质量的促进效应最好，其次是客观理性的认知性回应，抑制回应的效果最差。情感卷入支持型回应和认知回应都容易起效，促进关系满意程度。

（三）情绪分享过程中的自我感觉及其效应

自我意识是人际互动中的重要动力。情绪情境与自我关联影响着情绪的种类。高兴与自豪的主要区别在于自豪涉及更多的自我增强。羞愧蕴含着自我的贬低（Tracy & Robins, 2004）。当感到自豪时，人们更愿意向他人展现自己，从而提升社会地位和社会接受度（Shariff, Tracy, & Markusoff, 2012）。可是，分享自豪也容易引起他人反感，因此人们可能会选择性抑制自豪的社会展现。人们大多愿意向他人分享自己的各种情绪，可是涉及自我受损（如羞愧和内疚）时，人们则较少愿意分享给他人（Slepian, Kirby, Kalokerinos, 2020）。

近期研究表明，在情绪分享过程中，自我感觉的增强或减弱影响分享意愿、情感体验及关系质量。而且，分享方和接受方的心理历程会有一定差异。分享方：当感觉自我增强时，人们更愿意分享；当自我缩小时，则不太愿意分享。自我变化也能预测分享后的愉悦度和控制感。接受方的心理变化很有趣。首先，自我变化会影响其愉悦感和可控感。当自我感觉增强时，接受方情感体验更愉悦，也更有控制感。可是，接受方的自我感觉被关系亲密度调节。当关系较亲近时，分享方的自豪会让接受方的自我更强更开心，分享方的羞愧也会让接受方的自我更宽容。关系不那么亲近时，结果则相反。

（四）关系相关情绪分享的积极效应

在情绪分享过程中，所分享情绪事件及内容与对方的相关性会影响分享之后的心理效应及人际关系变化。更强的关联性可促进人际关系。基于与对方相关性角度分类，所分享的情绪事件及内容可以划分为关系相关的情绪，即与对方相关，或对方引起的情绪；关系无关的情绪，即个人情绪，不是对方引起的情绪。例如，在一个团体交流活动中，一位同学跟大家分享他的烦心事。这属于个人情绪分享。另一个例子，在夫妻之间，丈夫患病住院，妻子说："很开心看到你的气色好了很多，能吃一些食物了。"这属于关系相关的情绪分享，因为妻子分享的情绪与对方有关，由对方引起。尽管将情绪分享给他人总体上都具有积极效应，可以增强社会支持感，促进关系质量。可是，从对方接受的角度分析，接受关系相关的情绪分享，会让被分享者得到更多的关系相关情绪信息，从中获得更多的肯定、支持，或了解更多需要调整的信息。

为了检测情绪分享过程中关系相关性的人际关系积极效应。王曼（2019）在她的博士学位论文中，通过系列研究支持了这个观点。首先，她在实验室中采用双人互动的范式设计了两个研究组。一个组在分享积极情绪时，增加了关系相关的情绪分享。控制组仅仅是分享积极情绪。结果显示，关系相关的情绪分享组对谈话评价更高，而且报告更强的愉悦情绪。然后，研究收集了537名正处于恋爱中或已婚（关系持续3个月以上）的样本进行问卷调查。研究结果表明，关系相关的情绪分享都可以促进亲密感和关系满意度，而且，感知回应满意感在其间发挥显著的中介效应。也就是说，回应满意感可以促进分享所带来的亲密感和关系满意度提升。另外，一个团体干预的研究也发现，团员关系相关的情绪分享可以促进团体互动中的团体凝聚力和人际学习。

参考文献

黄敏儿、郭德俊（2002），《原因调节与反应调节的情绪变化过程》，《心理学报》，第34卷第4期，第371—380页。

黄敏儿、唐淦琦、易晓敏、孙莎莎（2014），《中庸致和：情绪调节灵活性的促进作用》，《中国社会心理学评论》第8辑，北京：社科文献出版社，第88—112页。

王曼（2019），《关系相关的情绪分享对人际关系的促进作用：关系的建立、维持与临床应用》，博士学位论文，中山大学。

向翠萍、孙莎莎、黄敏儿（2016），《人际互动中表情抑制的负面社会效应》，《心理学探新》，第36卷第1期，第42—47页。

杨柳、黄敏儿（2022），《情绪社会分享、感知恋人回应对亲密关系满意度的影响——基于行动者—对象互依模型》，《心理科学》，第45卷第1期，第126—132页。

杨中芳（2010），《中庸实践思维体系探研的初步进展》，《本土心理学研究》，第34期，第3—165页．

Christophe, V. & Rimé, B. (1997). Exposure to the social sharing of emotion: Emotional impact, listener responses and secondary social sharing. *European Journal of Social Psychology*, 27(1), 37–54.

Cui, L. X., Tang, G. Q. & Huang, M. E. (2022). Expressive suppression, Confucian *Zhong Yong* thinking, and psychological adjustment among Chinese young adults. *Asian Journal of Social Psychology*.

Frattaroli, J. (2006). Experimental disclosure and its moderators: A meta-analysis. *Psychological Bulletin*, 132, 823–865.

Gable, S. L. & Reis, H. T. (2010). Good news! Capitalizing on positive events in an interpersonal context. *Advances in Experimental Social Psychology*, 42, 195–257.

Gable, S. L., Reis, H. T., Impett, E. A. & Asher, E. R. (2004). What do you do when things go right? The intrapersonal and interpersonal benefits of sharing positive events. *Journal of Personality and Social Psychology*, 87(2), 228–245.

Impett E. A., Beals K. P., Peplau L. A. (2001). Testing the investment model of relationship commitment and stability in a longitudinal study of married couples. *Current Psychology*, 20(4):312–326.

Kwak, K. T., Choi, S. K. & Lee, B. G. (2014). SNS flow, SNS self-disclosure and post hoc interpersonal relations change: Focused on Korean Facebook user. *Computers in Human Behavior*, 31, 294–304.

Limperos, A. M., Tamul, D. J., Woolley, J. K., Spinda, J. S. & Sundar, S. S. (2014). It's not who you know, but who you add: An investigation into the differential impact of friend adding and self-disclosure on interpersonal perceptions on Facebook. *Computers in Human Behavior*, 35, 496–505.

Linehan, M. M. (1997). Validation and psychotherapy. In A. C. Bohart & L. S. Greenberg (Eds.), *Empathy reconsidered: New directions in psychotherapy*. Washington, DC: American Psychological Association, 353–392.

Martin, C. G., Kim, H. K. & Freyd, J. J. (2018). In the spirit of full disclosure: Maternal distress, emotion validation, and adolescent disclosure of distressing experiences. *Emotion*, 18(3), 400–411.

Matsumoto, D., Yoo, S. H. & Nakagawa, S., Multinational Study of Cultural Display Rules. (2008). Culture, emotion regulation, and adjustment. *Journal of Personality and Social Psychology*, 94(6), 925–937.

Muir, K., Brown, C. & Madill, A. (2015). The fading affect bias: Effects of social disclosure to an interactive versus non-responsive listener. *Memory*, 23(6), 829–847.

Nils, F. & Rimé, B. (2012). Beyond the myth of venting: Social sharing modes determine the benefits of emotional disclosure. *European Journal of Social Psychology*, 42(6), 672–681。

Niven, K., Garcia, D., van der Löwe, I., Holman, D. & Mansell, W. (2015). Becoming popular: interpersonal emotion regulation predicts relationship formation in real life social networks. *Frontiers in Psychology*, 6, 1452.

Richards, J. M. & Gross, J. J. (2000). Emotion regulation and memory: the cognitive costs of keeping one's cool. *Journal of Personality and Social Psychology*, 79, 410–424.

Rime, B. (2009). Emotion Elicits the Social Sharing of Emotion: Theory and Empirical Review. *Emotion Review*, 1(1), 60–85.

Rime, B., Mesquita, B., Philippot, P. & Boca, S. (1991). Beyond the emotional event: Six studies on the social sharing of emotion. *Cognition & Emotion*, 5(5), 435–465.

Shariff, A. F., Tracy, J. L. & Markusoff, J. (2012). (Implicitly) judging a book by its cover: The automatic inference of status from pride and shame expressions. *Personality and Social Psychology Bulletin*, 38, 1178–1193.

Slepian, M. L., Kirby, J. N. & Kalokerinos, E. K. (2020). Shame, guilt, and secrets on the mind. *Emotion*, *20*(2), 323.

Soto, J.A., Perez, C. R., Kim, Y. H., Lee, E. A., Minnick, M. R. (2011). Is expressive suppression always associated with poorer psychological functioning? A cross-cultural comparison between European American and Hong Kong Chinese. *Emotion*, *11*(6), 1450-1455.

Srivastava, S., Tamir, M., McGonigal, K. M., John, O. P. & Gross, J. J. (2009). The social costs of emotional suppression: A prospective study of the transition to college. *Journal of Personality and Social Psychology*, *96*(4), 883-897.

Sundararajan, L., Yeh, K. H., Ho, W. T. (2020). From regulation to refinement of emotion: Indigenization of emotion regulation questionnaire in Taiwan. *Journal of The Theoretical and Philosophical Psychology.* *40*(3), 155-173.

Tracy, J. L. & Robins, R. W. (2004). Putting the Self Into Self-Conscious Emotions: A Theoretical Model. *Psychological Inquiry*, *15*(2), 103-125.

Van Osch, Y., Zeelenberg, M. & Breugelmans, S. M. (2018). The self and others in the experience of pride. *Cognition and Emotion*, *32*(2), 404-413.

"余香效应"：利他行为自激励过程的机制与思考

谢晓非　娄　宇[*]

摘　要：利他行为不仅为受助者带来福祉，也对助人者的身心产生积极影响。助人者从自身的利他行为中获益而对利他者本人的自激励效应为"余香效应"。研究表明，利他行为能够提升温暖知觉、降低身体负重感、缓解生理疼痛等。"余香效应"的内在机制在于利他行为激发心理系统的资源从而对生理系统产生即时的不依赖外部的正性反馈。"余香效应"对危机应对、年长者自我管理等具有积极意义。

关键词：余香效应；利他行为；身心互动；自激励效应

"赠人玫瑰之手，经久犹有余香。"一朵娇艳温润的玫瑰经由我的手传递到你的手上，带给你美好，留给我芬芳。能

---

[*] 作者简介：谢晓非，北京大学心理与认知科学学院教授、博士生导师。中国心理学会决策心理学专业委员会主任，北京社会心理学会副理事长。研究领域为利他行为、风险认知与决策、老年健康和生命质量等。E-mail: xiaofei@pku.edu.cn。
娄宇，北京大学心理与认知科学学院博士研究生，研究方向为利他行为。E-mail: louyu@stu.pku.edu.cn。

够与这一唯美画面相匹配的也许只有承载社会美德的利他行为。利他行为由助人者向受助者提供无私帮助，常常给受助者带来物质与心理的慰藉。但是否真如这一古老谚语所言，利他可以让助人者的赠人玫瑰之手，经久犹有余香呢？这是一个探讨利他行为的独特视角。谢晓非等人提出"余香效应（Lingering Fragrance Effect）"用以揭示利他行为对利他者本人所带来的积极影响（谢晓非、王逸璐、顾思义、李蔚，2017；Hu, Li, Jia & Xie, 2016），就是从这个视角对利他行为所进行的探讨。

一 利他行为的中国现状与分析

"己欲立而立人，己欲达而达人。"（《论语·雍也》）是中国人重要的精神内核。自古以来，乐善好施、侠肝义胆等利他主义的品质就存在于中华文化的基因中。近年来，中国境内慈善捐款总额逐年稳步增长。在新冠疫情暴发的 2020 年，我国的志愿服务增长率达到了 28.44%，而在 2021 年，我国的活跃志愿者数量增长了 25.95%，志愿服务时间增长了 13.12%，志愿服务组织数量较 2020 年增长了 44 万家，增长率高达 55.70%；同时，2021 年全年无偿献血人次数达到 1674.5 万人次，采血量达到 2855.9 万单位[①]（见图 1、图 2）。从古至今，中华民族度过了一次又一次的重大危机，而利他主义正是中华文化血脉中始终流淌着的积极力量。

[①] 资料来源：国家卫生健康委员会《2021 年我国卫生健康事业发展统计公报》。

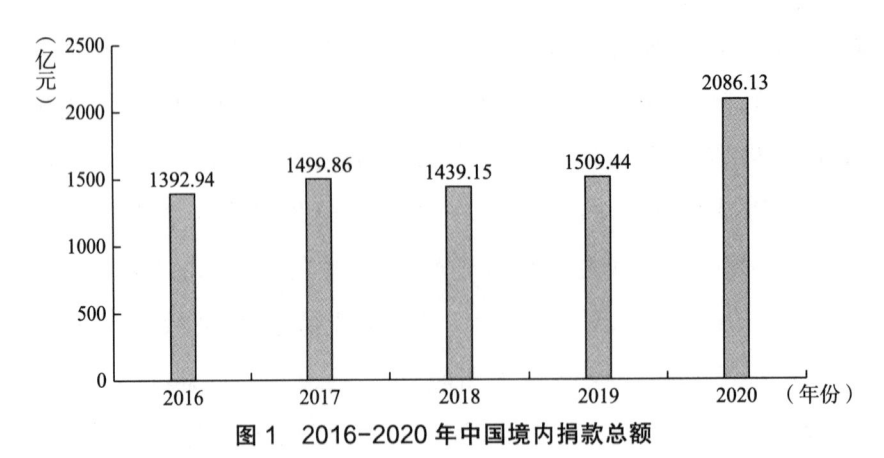

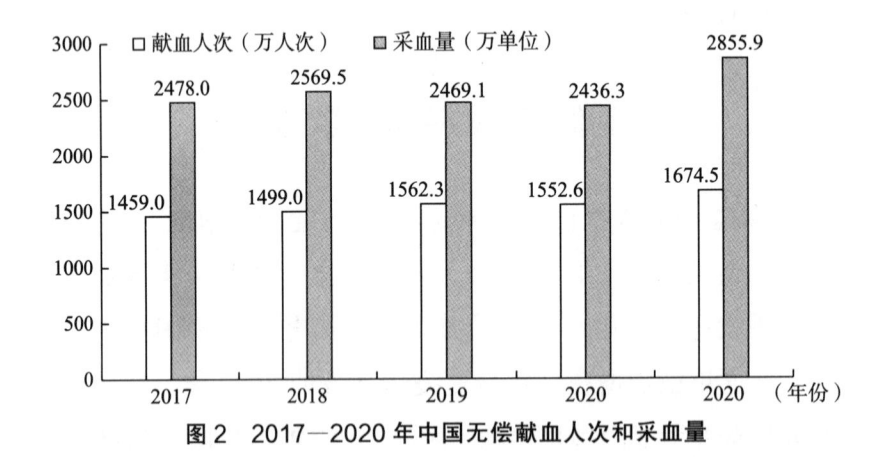

图 1 2016-2020 年中国境内捐款总额

图 2 2017—2020 年中国无偿献血人次和采血量

中国社会的余香效应在现象层面是不难观察到的。比如，2018年的寒冬，延吉市一辆轿车不慎坠入河中，情况十分危急。外卖小哥于超群正好路过，见状便奋不顾身跳入冰冷刺骨的河水中，拼命救出了被困的司机。① 在那个冬天，这个真实故事焐热了整整一座城。2020年，人民网报道，四川自贡78岁的老党员李元英同志不顾年迈做了社区志愿者，在寒冷的冬季坚守户外服务居民。② 她的善举温暖了左邻右舍，也一定为自己抵御寒冷积蓄了

---

① 资料来源：http://jl.sina.com.cn/news/s/2018-11-19/detail-ihmutuec1727237.shtml。
② 资料来源：http://sc.people.com.cn/n2/2020/0130/c345458-33751729.html。

热量。意义感体验意味着利他者对利他行为的深层理解，其中包含利他者的目标感、价值感以及效能感的解读与实现。利他行为所带来的心理改善能够到达个体的感知觉层面，这关系个体身心两个系统的联动。因此，进一步从生理与心理两个系统的理论视角进行探索，将有助于澄清余香效应的心理机制。

二 余香效应：来自利他行为的系列研究证据

余香效应的最初证据来自 2012 年造成巨大损失的"桑迪"飓风（Hurricane Sandy），其造成的直接经济损失达 700 亿美元，并致 233 人死亡。当时造成美国多州出现大雪严寒天气以及大面积停水停电等巨大破坏。正是在这一背景下，本研究团队通过亚马逊众包服务平台（Amazon Mechanical Turk, AMT）在美国东部地区招募了一批经历过"桑迪"飓风的民众分别回忆在飓风来袭期间自己是否在商场、加油站等场景中有过助人经历（实验组），以及自己在相似场景中是否为自己抢购过商品等（对照组），并估计当时所处环境的温度及温暖感知程度。结果显示，实验组认为当时的环境更温暖，他们感知到的温度显著高于对照组。随后本研究团队在国内进行了一系列实验室和现场研究，重复验证了助人者在帮助他人之后对自己所处的寒冷环境有更高的温度知觉。被试实际参与的利他行为包括为打工子弟学校校验教材、在危机时刻分享食物、为山区儿童寄明信片和捐钱等（Hu et al., 2016）。

利他行为降低身体负重感的研究（Li & Xie, 2017）为余香效应再一次提供了证据。研究者让两组被试做一件完全相同的事情，但却打上两个不同的标签（利他与不利他）。其中一个有趣的实验是研究者请被试将一箱矿泉水搬上二楼并估计重量，利他组被要求帮忙搬水，而对照组被告知搬水是实验任务，结果利他组对箱子的重量估计更轻。该研究亦包括了多项实验室和现场实验，其中不乏非常具有生态效度的指标，比如利他行为包括写作任务、校园捐赠等，对身体负重感的测量则是让被试估计校园路标建筑间的距离等。研究结果一致表明，利他者在利他行为之后有更轻盈的身体负重感。利他行为带来的温度知觉提升，以及身体负重感的降低，都为余香效应提供了直接的证据。同时，研究者还发现助人者对受助对象的心理距离感知是这一现象的心理机制之一，也就是说，利他行为可以缩短助人者与受助者的心理距离，使人们感觉自己与自己帮助的人之间更加亲近。然而，这显然不会是支撑余香效应的全部原因。

利他缓解疼痛的研究是我们验证"余香效应"并探讨其内在心理机制所进行的又一次尝试（Wang, Ge, Zhang, Wang & Xie, 2020）。北京时间2013年4月20日8时02分，四川省雅安市芦山县（北纬30.3度，东经103.0度）发生7.0级地震，震源深度13公里，震中距成都约100公里，成都震感较强。雅安地震发生后，成都街头的献血点拥满了志愿献血的人。危机之后涌现出来的利他精神令人动容和振奋，也是本研究问题的缘起。我们团队在雅安地震的第二天就赶赴成都，在街头献血点开展了第一个预实验。利他组为雅安地震中的献血者，对照组则是在医院体检的个体。研究者想通过比较被试对扎针部位的疼痛程度感知，在一个极其自然的条件下验证利他行为是否能够减轻疼痛。结果显示，献血者主观感知到抽血时的疼痛程度显著低于因为体检抽血的人。特别需要说明的是，献血时所用的针头和抽血量与体检相比，都是更粗的、更多的（前者针头直径为1.6mm，后者为0.8mm；前者抽血量为 200 或 400ml，后者为 3—10ml），该结果又为余香效应提供了一个有力的证据。并且，该研究进一步采用核磁共振成像技术验证了利他行为通过助人者所体验到的意义感知而缓解疼痛的假设，探索了余香效应的脑神经机制。

三　身心互动效能模型：利他行为的自激励机制

一系列实验数据表明余香效应是"由心到身"的个体内在的自我激励过程。利他行为可以帮助利他者通过调动心理层面的资源，为心理状态带来积极改善。这种正性影响会延展到生理层面，进而触发个体内部身心之间的正性循环，给利他者带来即时、确定且不依赖外界的回馈。我们基于身心一体的观点，提出身心互动效能模型（谢晓非等，2017）用以描述个体在危机情境下身心互动的过程。该模型强调心理系统的独特功能，认为个体的心理与生理系统之间通过相互激发能够超越简单相加的效能模式；两个系统之间可产生同向共变的促进（当然也可能出现相互消耗的反向过程）。在危机条件下，由于物质资源的限制，心理系统相比生理系统具有更大的可塑性与可干预的空间；个体的心理系统具有主动性特征，心理系统可以主动调动心理资源从而激发应对危机的整体心理效能，甚至达成常态下难以企及的超常效能状态。

心理系统的自循环，生理系统对心理系统的影响，以及心理系统对生理系统的反馈等三个主要的互动过程，构成了一个双系统双过程的个体身心互动效能模型，决定了心理系统激发的可能性与获取激发资源的路径。但是，个体的两大系统之间既可能产生"维护"也可能出现"消耗"。事实上，该模型隐含以下两个基本假设。

（1）个体内在的某些心理特质可以预测危机中个体心理资源的调用，个体心理资本的强弱，即自我效能、乐观、希望、心理韧性等品质，决定了心理系统通过自循环激发心理效能的可能性与有效性。

（2）心理系统的激发可能对生理系统形成正性的反馈，利他行为是触发心理系统的关键要素之一，危机中的利他行为能够在提升个体的感知觉体验上形成积极效应，即利他行为的自激励过程，也就是余香效应。

个体身心互动效能模型是对余香效应的理论解释，其本质是个体自激励的心理过程。特别值得关注的是，该理论模型相较于"亲缘利他"与"互惠利他"等著名观点，在理论上有所发展，解析了利他行为的三个新的重要特征：(1)助人者从利他行为中能够获得即刻且确定的回报；(2)助人者所获得的回报不依赖他人或外界的反馈，并且可以到达个体的感知觉层面，证实了心理系统对生理系统的影响；(3)主动调动心理资源就可以达成对助人者自身的积极反馈，且可能形成个体身心内部的良性循环。个体的自我激励可以强化与他人的联结，也可以凸显意义感的体验，利他行为则始终是提供这些心理内涵的一个重要来源。而且，该理论模型也从一个特定的视角回应了利他进化的难题。虽然利他行为消耗了利他者自身的资源，但利他行为本身可以为利他者带来直接而有益的反馈，这种反馈可能抵消甚至超越资源消耗所带来的损失，可见，利他行为则具有足够的适应性。

四 "余香效应"的特殊意义与启示

危机是人类生存与发展的背景色，在我们所处的真实世界中，

"余香效应"：利他行为自激励过程的机制与思考

各种突如其来的危机事件带来大量的物理破坏与心理创伤，从而对个体造成严重的心理威胁。心理威胁可能解构个体的自我完整性（self-integrity），使个体丧失自我效能感（self-efficacy），导致多种不良的心理感受与体验。危机也给社会的发展带来不小的动荡和冲击。同时，随着科技和经济的发展越来越迅速，整个社会面对的不确定性也在逐渐增加，为社会和谐健康发展抛出了一个又一个难题。在众多的社会难题面前，利他行为也许是一种重要的解决方案。利他行为一方面使得那些处于困境中的人得到发展资源，摆脱当前的困境；另一方面，帮助他人的人自身也可能获得渡过危机的心理资源，增强在恶劣环境中的适应性。

余香效应在危机情境下有着非常重要的适应性价值。我们可以试想一下，遭遇危机的个体，其生理资源常常处于受限甚至衰竭状态，生理系统的调节和干预会受到现实条件的极大限制，而个体的心理资源相对来说受客观环境的限制较小，在耗竭状态下表现出比生理资源更大的可塑性与灵活性。如果个体能够在生理资源濒临耗竭的状态下以心理系统为突破点，通过主动调动和调整心理资源，提高心理效能的水平，从而实现对生理系统的能量补充和积极反馈，由此促进身与心两个系统之间的正性循环，就有可能维持相对较高的总体能量。危机中的利他行为或许就是这个突破点，它既是受助者的希望，也可能成为助人者自身的力量源头。

年长者自我管理过程中余香效应也有可能发挥重要的作用。随着中国老龄化社会的逐渐逼近，超过60岁的人群比例会逐年增加。根据第七次人口普查，我国60岁及以上人口约26402万人，占总人口的18.70%，其中65岁及以上人口约19064万人，占比为13.50%。中国居民人均预期寿命2020年为77.9岁，而2020年中国健康预期寿命（healthy life expectancy, HLE）为69.2岁，年长者带病生存的时间是9年左右。年长者需要有质量的生命时长，改善年长者生命质量的呼声来自社会和个人两个层面，而且，年长者个人层面的努力可以成为改善其生命质量的强劲动力。年长者的生命质量体现为掌控感、意义感及愉悦感三个核心维度，利他行为可能成为开启这三个核心维度的钥匙。获得掌控感的一个途径是参与助人，年长者可以通过参与社区服务，自主选择相应的事项与人打交道，并通过具体的助人行为提升掌控的知觉。同时，利他行为是意义感的直接来源。研究表明，人们在利他中所体会到的意义感大小，能够被大脑相关脑区的激活程度所解释，这说明在利他行为中意义感的体验起到了重要作用。力所能及的参与也许对年长者来说是重要的，一项关于癌症病人的现场实验中，所有被试都是承受着剧烈疼痛的癌症晚期病人，但他们仍然可以从为病友所做的助人行为中获得缓解自身疼痛的效果（Wang et al., 2020）。因此，参与利他行为是保持晚年生命质量的一种积极的可能性，值得尝试。

利他者以牺牲自身利益为前提去帮助他人，必然在一定程度上会降低自身的存活和繁衍机会，那么，给他人带来利益但却可能导致个体适应性降低的利他行为，是如何在恶劣的生存竞争中保持遗传优势并通过进化得以最终保留呢？这就是至今未解的"利他进化难题"（Kurzban, Burton-Chellew & West, 2015）。利他行为仅仅只是利他吗？余香效应是从另一个角度进行的思考，也许可以为解决该难题提供新的答案。

与各种危机千万次地相遇，是人类进化历程中无法回避的严峻现实。解释人类如何在危机中恰当应对进而存活与胜出，有利于我们破解"利他进化难题"。当生存资源有限时，个体更可能选择自我保护的本能反应，采用利己主义的策略，尽可能占有物质资源，从而最大化自己的生存概率；但历次危机中，也有人选择舍身取义，让渡自身利益而成全他人，充分彰显利他主义的实质。面对呼啸而至的重大危机，基于自我保护动机的利己策略，具有一定程度的功能性和适应性价值。但余香效应所阐述的利他行为的自激励过程提供了一个新的思路，当危机来临的时候，即便为了自保，利他都可能是一个更好的策略。余香效应告诉我们，利他行为正是启动个体自身内在正循环的钥匙。当今社会正面临各种危机和挑战，我们别无选择必须迎战，而利他是一种应对危机的解决方案。古人亦曰"每有患急，先人后己"（《三国志·蜀志》）。

参考文献

谢晓非、王逸璐、顾思义、李蔚（2017），《利他仅仅利他吗？——进化视角的双路径模型》，《心理科学进展》，第 25 卷第 9 期，第 1441—1455 页。

中国社会科学院社会政策研究中心（2022），《慈善蓝皮书：中国慈善发展报告（2021）》，北京：社会科学文献出版社。

Hu, T. Y., Li, J., Jia, H. & Xie, X. (2016). Helping others, warming yourself: altruistic behaviors increase warmth feelings of the ambient environment. *Frontiers in Psychology*, 7, 1349.

Kurzban, R., Burton-Chellew, M. N. & West, S. A. (2015). The evolution of altruism in humans. *Annual Review of Psychology*, 66(1), 575-599.

Li, X. & Xie, X. (2017). The helping behavior helps lighten physical burden. *Basic and Applied Social Psychology*, 39(4). 183-192.

Wang, Y., Ge, J., Zhang, H., Wang, H. & Xie, X. (2020). Altruistic behaviors relieve physical pain. *Proceedings of the National Academy of Sciences of the United States of America*, 117(2), 950-958.

【研究报告】

被滞留的花朵：留守儿童社会适应的现状、思考与对策[*]

崔丽娟　赵　桐[**]

摘　要： 留守儿童是我国城乡发展不均衡、农村劳动力向城市转移背景下产生的特殊群体。多年来，在国家和社会的多方关照下，留守儿童的生存条件已有很大改观。但是，长期与父母的分离，使得留守儿童有着较多的社会适应问题。本研究以情绪适应、自我评价、人际关系和学业适应为留守儿童社会适应的基本构成，从个体、家庭、学校、社会四个层面对影响留守儿童社会适应的因素进行分析。促进留守儿童社会适应的提升可从以下几方面展开：个体上重视心理教育，促进留守儿童应对方式发展；家庭上强调亲子共育，推动留守儿童教养方式转变；

---

[*] 本研究得到国家社会科学基金重大项目"留守儿童社会适应促进与反社会预防研究"（19ZDA357）的资助

[**] 作者简介：崔丽娟，华东师范大学心理与认知科学学院教授，博士生导师。担任中国社会心理学学会副会长、中国心理学会社会心理学专业委员会主任、中国心理学会心理学与社会治理专业委员会委员，研究领域为社会心理学。E-mail: ljcui@psy.ecnu.edu.cn。

赵桐，华东师范大学心理与认知科学学院博士研究生，研究领域为社会心理学。E-mail: tongzhao9417@gmail.com。

学校上改善学校氛围，提高留守儿童教育资源质量；社会上扭转社会风气，助力留守儿童群体社会融合。只有多方合力，才能为破解留守儿童社会适应问题提供有效保障。

关键词：留守儿童；社会适应；情绪控制；核心自我评价；同伴关系；学习适应

一　引言

（一）留守儿童社会适应问题仍需关注

伴随着改革开放的逐步推进和城镇化进程的日益加快，我国地方农村劳动力为改善家庭经济状况，寻找更多就业机会，会选择走出家乡，进入城镇地区务工创业。但受限于居住环境、教育条件、照料成本等因素的影响，大多数务工人员会倾向于将未成年子女留在家乡由他人进行照料，这就导致了大量留守儿童的出现。留守儿童是指年龄在18周岁以下，父母至少一方外出打工，不在身边照料的儿童和青少年（郝振，崔丽娟，2007）。根据2015年全国1%人口抽样调查的分析，我国留守儿童人口数量已经达到了6876.6万人，约占全国儿童总数的25.37%，形成了较为庞大的群体。由于与亲生父母长期处于分离状态，留守儿童的成长过程中极易出现由依恋断裂和多系统资源匮乏而导致的学业、人际、情绪等方面的社会适应不良问题（Su, Li, Lin & Zhu, 2017；崔雪梅等，2019；杨青等，2016）。

留守儿童的社会适应问题由来已久，已有的研究也针对该群体进行了大量的考察调研，得出了较多的成果和建议。但时至今日，我们为何仍要继续关注留守儿童？主要有以下几点原因。

首先，当下的留守儿童社会适应问题呈现出了新特点。在以往留守儿童社会适应问题及相关影响因素的研究中，总会提到留守儿童面临着"求学困难""师资薄弱""失学辍学"的问题，这不仅是对彼时农村基础设施薄弱、物质资源匮乏、城乡差异悬殊的真实写照，也是造成留守儿童群体社会适应问题的主要成因。随着脱贫攻坚战取得全面胜利，现行标准下农村人口全部脱贫，对于人民群众来说，彼时的"物质文化需要"已发展到此时的"美好生活需要"；对于留守儿童群体来说，彼时的贫困、失学等问题已在此时得到了根本性的解决或极大改善；对于政府和研究人员来说，彼时的"物质救济迫在眉睫、基础建设刻不容缓"已在此时转化成了"情感自尊寻求满足，心理健康亟待改善"的新特点。从理论上来讲，个体在满足低层次需求后会转而寻求人际、自尊等高层次的需求；从实践上来看，留守儿童集体自杀、持刀伤人等极端案例在令人掩面惋惜的同时，背后所反映出的情绪控制较差、人际关系紧张、心理问题严重的状况更令人担忧。因此，留守儿童的社会适应问题虽是"老生"，但在新形势下所呈现的新特点，在新阶段下所需要的新对策却不是，也不能是"常谈"。面对新特点，我们需要继续关注留守儿童。

其次，解决留守儿童社会适应问题有了新契机。2021年，中共中央、国务院发布了《关于全面推进乡村振兴加快农业农村现代化的意见》，其中提出，"要加强对农村留守儿童和妇女、老年人以及困境儿童的关爱服务"，并就加快形成工农互促、城乡互补、协调发展、共同繁荣的新型工农城乡关系，推动乡村产业、人才、文化、生态、组织振兴提出了要求。这从根本上为解决留守儿童社会适应问题扫清了制度性问题，也从政策上为改善留守儿童社会适应状况，促进留守儿童社会适应发展提供了支持和保障。因此，解决留守儿童的社会适应问题需要借国家之伟力，促进留守儿童的社会适应发展需要乘政策之春风。面对新契机，我们需要继续关注留守儿童。

最后，研究留守儿童社会适应问题有了新挑战。以往的留守儿童社会适应研究指出，外在表现方面，留守儿童与同伴、教师和父母关系更差（方燕红等，2018）；学业和情绪适应水平更低，具有更高的自伤行为风险（《中国流动人口发展报告2018》），表现出更多的逃课逃学、饮酒、吸烟等违规违纪甚至是盗窃、赌博和抢劫等违法行为（范先佐，2005）。内在心理方面，留守儿童更容易产生焦虑、抑郁、孤独等消极情感（崔雪梅等，2019），更容易表现出低自尊和低自我评价，主观幸福感和生活满意度水平也更低（严虎等，2019）。这些研究成果为我们继续深入该领域提供了宝贵的经验和启示，但与此同时，由于社会适应内涵范围之广，涉及指标之多，研究者往往只能择其之一进行探讨。这种研究方式犹如"穿针引线"，探讨的问题只在研究的"点"中展开，相对缺乏对社会适应指标进行整体、宏观的"面"的把握。因此，本研究拟从个体、家庭、学校、社会四个层面对影响留守儿童社会适应问题的成因进行探讨，做到对已有的研究成果"继往"的同时，从更为宏观和立体的角度进行"开来"。无论是从数据收集、还是问题挖掘上来说对我们都是一种挑战。面对新挑战，我们需要继续关注留守儿童。

（二）留守儿童社会适应的内涵与结构

探讨留守儿童社会适应问题的第一步，是明确留守儿童社会适应的内涵和结构。从内涵上来看，社会适应本身是一个复杂的概念，众多学者对其定义也莫衷一是。例如有研究者认为，社会适应是一个过程状态，是指社会环境发生变化时，个体的观念、行为方式随之而改变，使之适应所处的社会环境的过程（黄希庭等，2003），并且个体不仅会对自身进行调整，也会影响、改变和调节环境（Yang, et al., 2019；洪明，2011）。而另一部分学者认为，社会适应的界定应强调其结果状态，即个体在与环境相互作用过程中达到人们期望的、与其年龄和所处文化群体相适应的发展标准的程度（Hannum & Dvorak, 2004；李彩娜等，2010；王建平等，2010；邹泓等，2012）。综合以上观点我们认为，社会适应的内涵应包含过程和结果两个方面，并反映出社会适应和社会预期之间的关系。因此我们认为，社会适应是指个体在与环境互动的过程中，吸纳社会规范与价值观念，通过自我调控或改变环境，达成与环境的协调、平衡状态，最终使个体的心理与行为表现与社会预期保持一致的复杂的心理发展过程。从中也可以看出，社会适应是对个体与环境关系的综合性描述，是一个内涵丰富的、多维度的概念，需要多元视角才能反映社会适应的全方面。

从结构上来说，由于以往研究者的理解和研究目的不同，对留守儿童社会适应的评估和测量也各有侧重。例如有研究者认为，留守儿童社会适应的指标涉及学习适应、情绪适应和行为适应（曹述蓉，2006）；杨彦平（2007）在此基础上增添了人际关系和生活适应的内容。此外，还有研究者认为留守儿童的社会适应还体现在学业表现（Zhao et al., 2019；赵景欣等，2013）和环境适应上（刘晓静等，2016）。可以看出，研究者在留守儿童社会适应内容的划分上主要涉及学习适应、学业适应、人际适应、行为适应、情绪适应、自我适应几个方面，但是不同研究者的划分依据不同，造成不同方面存在相互重合的部分。因此在对已有研究进行整合和梳理的基础上,我们认为留守儿童社会适应是由学业适应、人际适应、情绪适应和自我适应四部分构成。

留守儿童社会适应的现状如何？由于缺少亲生父母的陪伴,大部分的留守儿童是由其祖父母或远亲代为监管,还有一部分留守儿童选择在学校寄宿,因此亲子分离是留守儿童最本质和最核心的特征（Chen et al., 2019；彭运石等, 2017）。这就意味着留守儿童缺少了正常的成长环境,在教育、安全、生活等多个方面得不到应有的关爱、指导与保护,日积月累形成了社会适应问题（唐有财、符平, 2011；赵勇皓、李万发, 2016）。在已有的留守与非留守儿童对比研究中也证实了这点。例如在**情绪表现**上,有研究发现留守儿童的情绪感受问题比非留守儿童更为严重,负性情绪、孤独感、焦虑情绪和抑郁症状也较非留守儿童更多（周宗奎等, 2007）；在**自我适应**方面,留守儿童的自尊水平更低,更容易出现自我评价低、自卑等问题（郝振、崔丽娟, 2007；欧阳智、范兴华, 2018；严虎等, 2019）；在**人际关系**方面,留守儿童的师生关系、亲子关系相对较差,同时也会体验到更多的同伴拒绝、友谊冲突（方燕红等, 2018；李晓魏、刘艳, 2013）等；在**学业适应**方面,留守儿童的学习方式、语言发展和学习习惯都显著落后于非留守儿童（张红艳, 2011）。

综合上述研究结果可以发现,与父母的长期分离对留守儿童的社会适应造成了严重影响：父母照顾不足以及情感缺失,让留守儿童在情绪表现上显露出更多的问题；而情绪表现上的问题又进而影响了留守儿童的人际交往和自我适应,最终在学业适应上也表现出了落后与不足。因此,本研究拟从个体、家庭、学校和社会四个方面对留守儿童的情绪、自我、人际和学业适应进行探讨,从更为宏观的角度探寻影响留守儿童社会适应的因素。

二 研究方法

(一)研究对象

本研究采用整群抽样法,在河北、河南、江西、湖北和四川5地的15所中小学进行调查抽样,从4年级到11年级,共7050名中小学生参与了本次调查,其中男生3429名,女生3578名;留守儿童1972名,占总样本的27.97%。

(二)研究工具

1. 社会适应研究工具

情绪控制量表:在情绪表现方面,本研究采用了胡月琴、甘怡群(2008)编制的情绪控制量表。问卷包含6个题项,采用1(完全不符合)~5(完全符合)点计分,总分越高代表个体的情绪控制能力越好。在本研究中,该量表的克隆巴赫α系数为0.753。

核心自我评价量表:在自我适应方面,本研究采用了杜建政等人(2012)编制的核心自我评价量表,该量表被广泛用于测量个体的自尊、控制点、神经质和一般自我效能四种核心特质。问卷包含10个题项,采用1(完全不符合)~5(完全符合)点计分,总分越高代表个体的核心自我评价越高。在本研究中,该量表的克隆巴赫α系数为0.806。

同伴关系量表:在人际关系方面,本研究采用了胡韬(2007)编制的社会适应量表中的同伴关系分量表,该量表用于测量儿童对于自身人际关系的评价。问卷包含17个题项,采用1(完全不符合)~5(完全符合)点计分,总分越高代表个体的同伴关系越好。在本研究中,该量表的克隆巴赫α系数为0.951。

学习适应问卷：在学业适应方面，本研究采用了杨彦平、金瑜（2007）编制的学习适应量表，该量表用于测量儿童对在学业上的适应能力。问卷包含10个题项，采用1（完全不符合）~5（完全符合）点计分，总分越高代表个体的学习适应能力越好。在本研究中，该量表的克隆巴赫α系数为0.951

2.影响因素研究工具

个体层面：在个体层面，本研究采用了黄希庭等人（2000）编制的中学生应对方式量表中的消极应对方式分量表，该量表用于测量个体在面对负性事件时使用消极应对方式的程度。问卷包含15个题项，采用1（完全不符合）~5（完全符合）点计分，总分越高代表个体使用消极应对方式的程度越高。在本研究中，该量表的克隆巴赫α系数为0.742。

家庭层面：在家庭方面，本研究采用了由Parker, G.等人（1979）编制的父母冷漠教养量表，该量表用于测量儿童感知到的父母使用冷漠教养方式的程度。问卷包含6个题项，采用1（完全不符合）~5（完全符合）点计分，儿童被要求分别对父亲和母亲使用冷漠教养进行评分。总分越高代表父亲或母亲使用冷漠教养的程度越高。在本研究中，该量表的克隆巴赫α系数为0.919。

学校层面：在学校方面，本研究采用了杨彦平（2007）编制的社会适应量表中的师生关系分量表，该量表用于测量学生与老师之间的人际交往情况。问卷包含8个题项，采用1（完全不符合）~5（完全符合）点计分，总分越高代表个体与老师之间的人际交往越差。在本研究中，该量表的克隆巴赫α系数为0.806。

社会层面：在社会层面，本研究采用了申继亮等人（2009）编制的歧视知觉量表，该量表用于测量儿童感知到的受歧视的程度。问卷包含6个题项，分为个体歧视和群体歧视两个维度，采用1（完全不符合）~5（完全符合）点计分，总分越高代表个体感知到的受歧视程度越高。在本研究中，该量表的克隆巴赫α系数为0.824。

（三）统计分析

本研究采用SPSS 26软件进行统计分析，以情绪控制、核心自我评价、同伴关系、学习适应为因变量，消极应对方式、父母冷漠教养、学习态度、歧视知觉为自变量，通过描述性统计、独立样本t检验的方式探讨留守儿童与非留守儿童在社会适应上的差别。随后通过分层回归的方式，从个体、家庭、学校和社会四个层面探讨对留守儿童社会适应产生影响的因素。

三 研究结果

（一）留守儿童基本情况

本次研究的调查结果显示，在参与调查的7050份问卷中，有1960名留守儿童，占总调查人数的27.97%。其中在留守儿童中，男孩的人数为1016人（51.84%），女孩的人数为944人（48.16%）。

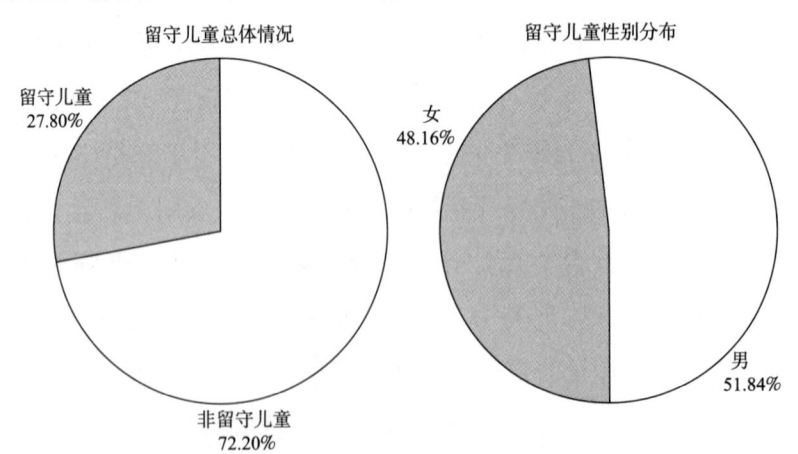

图1 留守儿童与非留守儿童比例及留守儿童性别分布图

从学段来看，中学阶段的留守儿童人数高达1544人（32.28%），远远高于小学阶段的428人（18.87%）。在是否寄宿上，中学阶段有更大比例的留守儿童（988人，64.16%）选择在学校寄宿，而这一比例在小学阶段仅为62人（14.48%）。

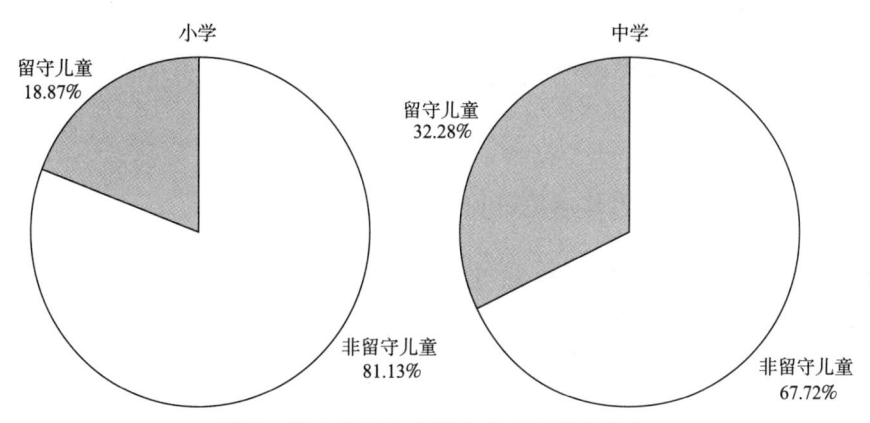

图2 留守儿童与非留守儿童的学段分布

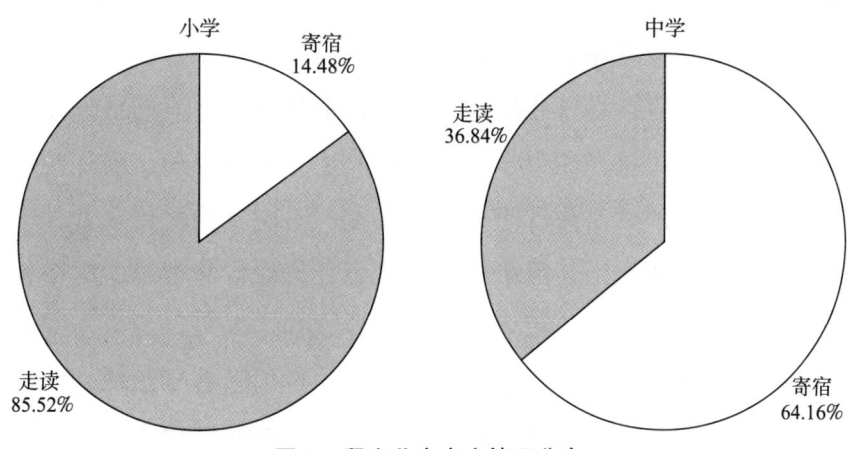

图3 留守儿童寄宿情况分布

（二）留守儿童监护人情况

就监护情况而言，大部分的留守儿童是接受母亲（42%）和隔代长辈（41%）进行监护的，父亲作为监护人的比例仅为

10%。这一点也可以在外出打工情况中体现：调查结果显示，在留守儿童中父亲外出务工的比例远高于母亲。且父亲外出务工的时间更长，在半年到一年内居多。对应到与父母的交流上，大多数小学生每天都会与自己的父母进行交流，但进入中学后这一比例就会降低；并且，在小学时与父亲和母亲交流的人数比例相当，但进入中学后与母亲时常保持联系的人数高于与父亲联系的人数。

（三）留守儿童社会适应情况

在选定情绪控制、核心自我评价、同伴关系和学习适应作为社会适应的指标后，首先对小学和中学的留守儿童与非留守儿童在这些指标上的适应情况进行统计分析。独立样本 t 检验的结果显示，从整体上来看，留守儿童与非留守儿童在情绪控制、核心自我评价、同伴关系和学习适应四项指标上的得分有显著差异，且留守儿童的得分显著低于非留守儿童。分学段来看，在小学阶段，留守儿童的核心自我评价、同伴关系和学习适应的得分都显著低于非留守儿童；在中学阶段，除上述三个指标外，留守儿童的情绪控制得分也显著低于非留守儿童；不同学段对比来看，中学阶段的留守儿童，其情绪控制、核心自我评价和学习适应得分都显著低于小学阶段的留守儿童。综合这些结果可以看出，整体来说，留守儿童的社会适应相对较差，并且伴随着年龄增长，社会适应状况有恶化的趋势，适应问题也会逐渐暴露出来。各变量方差结果见表1。

表1　各变量方差分析结果

	小学			中学			整体		
	留守	非留守	t	留守	非留守	t	留守	非留守	t
情绪控制	3.296	3.376	−1.595	3.194	3.250	−2.190*	3.216	3.295	−3.470***
核心自我评价	3.387	3.511	−3.101**	3.210	3.268	−2.710**	3.248	3.354	−5.532***
同伴关系	3.21	3.532	−5.920***	3.231	3.327	−3.473***	3.227	3.399	−7.001***
学习适应	3.152	3.290	−3.573***	2.816	2.928	−5.757***	2.889	3.057	−9.464***

注：* $p < 0.05$，** $p < 0.01$，*** $p < 0.001$，下同。

（四）留守儿童社会适应的影响因素

对影响因素的四项指标（消极应对方式、父母冷漠教养、师生关系、歧视知觉）和社会适应的四项指标（情绪控制、核心自我评价、同伴关系、学习适应）进行统计分析，对所有变量统一进行均分处理。相关分析结果显示，所有变量之间都存在显著的相关关系，且除消极应对方式以外，大部分影响因素与社会适应之间都为负向相关关系。各变量的均值、标准差及变量之间的相关如表2所示。

随后对社会适应的四项指标进行分层回归分析。以情绪控制为因变量，每一步分别放入消极应对方式、父母冷漠教养、师生关系和歧视知觉四项指标。回归结果显示，每一步的 $\triangle R^2$ 都显著，说明影响因素的每一项指标对留守儿童都有显著预测作用。从模型结果来看，除母亲冷漠教养（$b = 0.009$, $p > 0.1$）外，其余几个指标包括消极应对方式（$b = -0.116$, $p < 0.001$），父亲冷漠教养（$b = -0.075$, $p < 0.05$），师生关系（$b = -0.198$, $p < 0.001$），歧视知觉（$b = -0.297$, $p < 0.001$）均负向预测情绪控制。以核心自我评价为因变量，结果显示，每一步的 $\triangle R^2$ 都显著；除父亲冷漠教养（$b = 0.064$, $p > 0.05$）外，其余几个指标包括消极应对方式（$b = -0.054$, $p < 0.05$），母亲冷漠教养（$b = -0.104$, $p < 0.01$），师生关系（$b = -0.277$, $p < 0.001$）和歧视知觉（$b = -0.282$, $p < 0.001$）均负向预测核心自我评价。以同伴关系为因变量，结果显示，每一步的 $\triangle R^2$ 都显著；除父亲冷漠教养（$b = -0.021$, $p > 0.1$）外，其余几个指标包括消极应对方式（$b = -0.279$, $p < 0.001$），母亲冷漠教养（$b = -0.103$, $p < 0.01$），师生关系

表 2 描述统计和相关分析

	M	SD	1	2	3	4	5	6	7	8	9
消极应对方式	2.585	0.566	1								
父亲冷漠教养	1.885	0.740	0.121***	1							
母亲冷漠教养	1.815	0.718	0.144***	0.796***	1						
师生关系	2.056	0.717	0.111***	0.312***	0.334***	1					
歧视知觉	2.239	0.798	0.345***	0.364***	0.383***	0.431***	1				
情绪控制	3.216	0.852	−0.247***	−0.236***	−0.234***	−0.359***	−0.452***	1			
核心自我评价	3.248	0.700	−0.089***	−0.321***	−0.350***	−0.444***	−0.450***	0.600***	1		
同伴关系	3.227	0.898	0.190***	−0.183***	−0.204***	−0.295***	−0.193***	0.209***	0.448***	1	
学习适应	2.890	0.647	0.064*	−0.198***	−0.209***	−0.345***	−0.206***	0.246***	0.512***	0.444***	1

（b = -0.226，p < 0.001）和歧视知觉（b = -0.142，p < 0.001）均负向预测同伴关系。以学习适应为因变量，结果显示，每一步的△R2都显著；除父亲冷漠教养（b = -0.049，p > 0.1）和母亲冷漠教养（b = -0.058，p > 0.1）外，其余几个指标包括消极应对方式（b = -0.134，p < 0.05），师生关系（b = -0.268，p < 0.001）和歧视知觉（b = -0.105，p < 0.001）均负向预测学习适应。具体回归结果见表3。

四 讨论与对策建议

（一）结果讨论

本研究基于情绪控制、自我评价、同伴关系、学习适应四个角度，对比了留守儿童和非留守儿童的社会适应状况，并从个体、家庭、学校、社会四个层面对影响留守儿童社会适应的影响因素进行了分析。结果表明，相比非留守儿童，留守儿童的社会适应状况欠佳；并且随着年龄的增长，留守儿童诸如情绪控制之类的社会适应状况有恶化的趋势，适应问题也会逐渐暴露出来。尤其步入青春期之后，青少年正处于情绪波动较大、内心敏感脆弱的阶段，再加之与父母分离时间更长，因此社会适应问题作为长期亲子分离的不利后果就显得更为突出。这提示我们面对留守儿童的社会适应问题要提早行动，尽早干预，以防止不良后果积重难返，鸿毳沉舟。

从回归结果来看，留守儿童社会适应的形成原因是综合的，多方面的。个体自身、家庭环境、学校氛围、社会因素都会对留守儿童的社会适应造成影响。首先从个体自身来看，消极应对方式会对留守儿童的情绪控制、同伴关系和学习适应造成影响。

表3 分层回归分析结果

	情绪控制			核心自我评价			同伴关系			学习适应		
	R^2	R^2变化量	β	R^2	R^2变化量	β	R^2	R^2变化量	β	R^2	R^2变化量	β
第一步												
消极应对方式	0.059	0.059***	−0.243***	0.007	0.008***	−0.090***	0.036	0.037***	−0.321***	0.002	0.003*	−0.234***
第二步												
消极应对方式	0.112	0.055***	−0.212***	0.131	0.125***	−0.072**	0.094	0.059***	−0.295***	0.053	0.052***	−0.167**
父亲冷漠教养			−0.148***			−0.149***			−0.069			−0.100
母亲冷漠教养			−0.102**			−0.227***			−0.188			−0.142
第三步												
消极应对方式	0.186	0.074***	−0.194***	0.247	0.116***	−0.061*	0.158	0.065***	−0.287***	0.132	0.079***	−0.146**
父亲冷漠教养			−0.109**			−0.098**			−0.037			−0.061
母亲冷漠教养			−0.037			−0.147***			−0.124			−0.074
师生关系			−0.291***			−0.364***			−0.271			−0.301
第四步												

续表

	情绪控制			核心自我评价			同伴关系			学习适应		
	R^2	R^2变化量	β	R^2	R^2变化量	β	R^2	R^2变化量	β	R^2	R^2变化量	β
消极应对方式	0.245	0.059***	−0.116***	0.300	0.054***	−0.054*	0.171	0.014***	−0.279***	0.139	0.007***	−0.134*
父亲冷漠教养			−0.075*			−0.064			−0.021			−0.049
母亲冷漠教养			0.009			−0.104**			−0.103**			−0.058
师生关系			−0.198***			−0.277***			−0.226***			−0.268***
歧视知觉			−0.297***			−0.282			−0.142			−0.105***

Lazarus 和 Folkman（1984）将应对方式分为针对问题的积极应对和针对情绪的消极应对，其中针对情绪的消极应对表现在个体选择以忍耐、逃避、幻想等方式来缓解环境中的压力，从不良的情绪中逃离。留守儿童在面对逆境和负性生活事件时，因无法从父母处获得情感性的帮助和支持，故常会选择退避、自责等应对方式来进行处理，长期来看这对他们的社会适应造成了极为不堪的影响。

从家庭环境来看，父母冷漠教养是留守儿童社会适应中不可忽视的影响因素，其对留守儿童的情绪控制、核心自我评价和同伴交往都有负向的预测作用。留守儿童与父母聚少离多，这种家庭结构、父母教育和父母陪伴的缺失在形式上可以看作一种不得已的冷漠教养方式，并在很大程度上影响留守儿童的心理健康和社会适应（Wen & Lin, 2012）。并且，不同的父母教养缺失对留守儿童的影响也是不同的：父亲冷漠教养会对留守儿童的情绪控制产生负面影响，而母亲冷漠教养对留守儿童的影响则更多体现在同伴关系上。已有研究显示，对儿童和青少年而言，父母在家庭中所扮演的角色是不同的：积极的母亲教养是儿童归属感和安全感的主要来源（Baumrind, 1980; Blankenhorn, 1995; Lamb, 1997），并进一步影响儿童良好人际关系的建立；积极的父亲教养则和儿童的情绪管理、问题解决能力高度相关，并进而影响儿童的情绪管理和心理韧性（Vogel, et al., 2006）。留守儿童缺乏来自父母的关心、监督和指导，这对他们社会适应的影响不容小觑。

从学校氛围来看，师生关系作为保护性因素对留守儿童的社会起着积极向上的作用。师生关系对留守儿童的情绪控制、核心自我评价、同伴关系和学业适应都有正向预测作用。学校作为儿童青少年重要的生活场所，是影响儿童青少年心理与行为发展的重要微系统之一。对于留守儿童而言,由于缺少父母的陪伴,学校的老师成为他们社交生活中重要的成员。老师在情绪管理、人际关系、学习策略等方面给予留守儿童很多帮助和支持,这有助于留守儿童建立良好的社会适应。

从社会因素来看,歧视知觉作为留守儿童长期性的压力源,对其社会适应有着破坏性的影响。长期以来,由于媒体的报道和社会的关注,留守儿童往往被打上了"问题儿童"的标签,这使得留守儿童群体被污名化并引发了较强的歧视知觉。一方面,歧视知觉会使得留守儿童将污名化的标签内化,表现出与污名化内容一致的社会适应不良行为;另一方面,歧视知觉会使得留守儿童将自己与非留守儿童隔绝、对立起来,进一步加重了留守儿童的社会适应不良。由此可见,歧视知觉作为社会层面的排斥和拒绝,对留守儿童的社会适应有着举足轻重的影响。

(二)对策与建议

1. 重视心理教育,促进留守儿童应对方式发展

党的十九大报告指出:"我国社会主要矛盾已经转化为人民日益增长的美好生活需要和不平衡不充分的发展之间的矛盾",并强调要"加强社会心理服务体系建设,培育自尊自信、理性平和、积极向上的社会心态"。"美好生活需要"既包括物质需要,也包括心理需要。随着脱贫攻坚战的全面胜利以及全面建成小康社会,对于留守儿童来说,物质需要满足的重要性已有所下降,心理需要满足的重要性开始凸显。因此,对于留守儿童的政策帮扶要从物质生理满足转向心理情感满足。这其中,建立针对留守儿童的心理服务体系,引导留守儿童采取积极的应对方式,可以帮助留守儿童勇敢面对挫折,起到防范化解个人极端风险和适应不良的作用。

2. 强调亲子共育，推动留守儿童教养方式转变

《中华人民共和国家庭教育促进法》明确指出，留守儿童的父母作为留守儿童家庭教育的主体，应当与留守儿童保持联系，定期了解留守儿童学习、生活情况和心理状况。一些留守儿童的父母因工作忙碌、生活艰辛等现实条件，或责任感缺失、文化水平有限等客观约束，很少主动联系孩子，或更多地将关心放在学习成绩、身体健康的内容上，而忽视了孩子情感、人际方面的诉求。这就使得相当比例的留守儿童认为父母对自己采取的是忽视、冷漠的教养方式，并且回避、拒绝与父母进一步进行情感上的交流，进而在面对困境无人倾诉、身处压力无人帮助时产生较强的孤独感和被抛弃感。面对这种情况，需要家庭、学校和社会共同配合起来，一方面学校可通过课后作业、网络课堂等形式加强留守儿童与父母之间情感沟通的建立，使留守儿童与父母之间的交流不再流于表面；另一方面相关部门应充分利用信息技术手段，构建畅通的亲子交流平台，推动亲子高质量交流的同时，定期为家长提供科学育儿、亲子沟通和教育咨询的信息。并且，学校也可利用信息技术，向家长推送孩子在校期间的心理状况和情感需求，从家庭、学校和社会上形成关爱留守儿童的合力。

3. 改善学校氛围，提高留守儿童教育资源质量

《关于加强新时代乡村教师队伍建设的意见》中提到，乡村教师要通过家访、谈心谈话等方式，帮助学生健康成长。对于留守儿童而言，面对父母长期缺位的现实条件，师生关系成为帮助他们健全社会适应的渠道和窗口。为此，建议学校和相关部门把握好乡村振兴战略的契机，利用好乡村教育政策的倾斜，一方面扩充师资队伍建设，提高心理老师的配比；提高教师队伍综合素质，加强教师对学生心理、道德等方面的教育；另一方面增设心理健

康、安全教育等课程，配齐心理咨询室，完善心理辅导制度，通过政策、财力等方式完成学校对留守儿童的教育补位作用。

4. 扭转社会风气，助力留守儿童群体社会融合

留守儿童的社会适应问题不仅需要家庭和学校的付出，更需要整个社会的努力。而这其中"标签化"就是需要打破的屏障。因此，社会各界可从以下几点着力构建良好社会环境。一是完善留守儿童的保障体系。一方面顺应国家提出的乡村振兴战略，大力发展乡村经济，让外出务工的留守儿童父母能回流乡村，从源头上减少留守儿童的规模；另一方面在推进城乡协同发展的同时，落实好留守儿童转为流动儿童后的生存、教育、发展方面的政策，降低儿童随迁后的教育生活费用，从政策上减少留守儿童的增量。二是构建友好的留守儿童社会环境。一方面需要转变对留守儿童宣传口径。涉及留守儿童的报道尽量呈现完整的留守儿童形象，更多呈现留守儿童急需填补的情感和沟通需求。另一方面增加留守儿童志愿项目的力度，让更多人能走进留守儿童，接触留守儿童，在为留守儿童提供帮助的同时，进一步消除隔阂，增进了解，从这个社会层面促进留守儿童的社会融合。

习近平总书记在贵州省调研时强调："要关心留守儿童，让他们都能感受到社会主义大家庭的温暖。"留守儿童现象是伴随着经济高速发展、城乡二元结构形成而出现的，也会伴随着乡村振兴崛起、城乡协同共进而消失。因此解决留守儿童的社会适应问题，要立足当前，着眼长远，用好国家政策，统筹各方资源，为促进留守儿童的社会适应提出新思路、新方法，让留守儿童不再是"被滞留的花朵"，让留守儿童共同享有人生出彩的机会，让留守儿童共同享有梦想成真的机会，让留守儿童共同享有同祖国和时代一起成长与进步的机会。

参考文献

曹述蓉（2006），《农村留守儿童学校适应的实证研究——以湖北省6县304名留守儿童为例》,《青年探索》, 第3期，第16—19页。

崔雪梅、孟业清、王甲娜（2019），《师生互动风格对留守儿童抑郁焦虑的影响》,《中国卫生统计》，第36卷第3期，第397—399页。

杜建政、张翔、赵燕（2012），《核心自我评价的结构验证及其量表修订》,《心理研究》，第5卷第3期，第54—60页。

范先佐（2005），《农村"留守儿童"教育面临的问题及对策》,《国家教育行政学院学报》，第7期，第78—84页。

方燕红、尹观海、廖玲萍（2018），《留守儿童对亲子关系的领悟及其与主观幸福感的关系研究》,《井冈山大学学报》（社会科学版），第39卷第6期，第90—97页。

郝振、崔丽娟（2007），《留守儿童界定标准探讨》,《中国青年研究》，第10期，第40—43页。

洪明（2011），《少年儿童社会适应文献研究综述》,《少年儿童研究》，第8期，第4—9页。

胡韬（2007），《流动少年儿童社会适应的发展特点及影响因素研究》，硕士学位论文，西南大学，第52—53页。

胡月琴、甘怡群（2008），《青少年心理韧性量表的编制和效度验证》,《心理学报》，第8期，第902—912页。

黄希庭、林崇德、杨治良（2003），《心理学大辞典》，上海：上海教育出版社，第1068页。

黄希庭、余华、郑涌、杨家忠、王卫红（2000），《中学生应对方式的初步研究》,《心理科学》，第1期，第1—5页。

李彩娜、张曼、冯建新（2010），《家庭功能与社会适应：个人自主的中介作用》,《心理发展与教育》，第26卷第4期，第371—377页。

李晓巍、刘艳（2013），《父教缺失下农村留守儿童的亲子依恋、师生关系与主观幸福感》,《中国临床心理学杂志》，第21卷第3期，第493—496页。

刘晓静、余益兵、王祥坤、郑晓红（2016），《农村留守儿童认知评价与社会适应的关系：一个有调节的中介模型》,《中国特殊教育》，第7期，第64—69页。

欧阳智、范兴华（2018），《家庭社会经济地位、心理资本对农村留守儿童自尊的影响》,《中国临床心理学杂志》,第 26 卷第 6 期,第 1182—1185 页。

彭运石、胡昆、王玉龙(2017),《亲子分离年龄对留守儿童亲子依恋的影响:家庭功能的调节》,《中国临床心理学杂志》,第 25 卷第 4 期,第 731—733 页。

申继亮、胡心怡、刘霞(2009),《留守儿童歧视知觉特点及与主观幸福感的关系》,《河南大学学报》(社会科学版),第 49 卷第 6 期,第 116—121 页。

唐有财、符平(2011),《亲子分离对留守儿童的影响——基于亲子分离具体化的实证研究》,《人口学刊》,第 5 期,第 41—49 页。

王建平、李董平、张卫(2010),《家庭经济困难与青少年社会适应的关系:应对效能的补偿、中介和调节效应》,《北京师范大学学报》(社会科学版),第 4 期,第 22—32 页。

严虎、陈晋东、何玲、封珂欣(2019),《农村留守儿童学校生活满意度、自尊与校园欺凌行为的关系》,《中国儿童保健杂志》,第 27 卷第 9 期,第 1002—1004 页。

杨青、易礼兰、宋薇(2016),《农村留守儿童孤独感与家庭亲密度、学校归属感的关系》,《中国心理卫生杂志》,第 30 卷第 3 期,第 197—201 页。

杨彦平、金瑜(2007),《中学生社会适应量表的编制》,《心理发展与教育》,第 4 期,第 108—114 页。

张红艳(2011),《农村学前留守儿童社会适应行为现状调查与分析》,《农业考古》,第 3 期,第 222—223 页。

赵景欣、刘霞、张文新(2013),《同伴拒绝、同伴接纳与农村留守儿童的心理适应:亲子亲合与逆境信念的作用》,《心理学报》,第 45 卷第 7 期,第 797—810 页。

赵勇皓、李万发(2016),《农村留守儿童发展困境分析——基于依恋理论视角》,《现代交际》,第 19 期,第 150—151 页。

周宗奎、孙晓军、范翠英(2007),《农村留守儿童心理发展问题与对策》,《华南师范大学学报》(社会科学版),第 6 期,第 119—125 页。

邹泓、余益兵、周晖、刘艳(2012),《中学生社会适应状况评估的理论模型建构与验证》,《北京师范大学学报》(社会科学版),第 1 期,第 65—72 页。

Baumrind, D. (1980). New directions in socialization research. *American Psychologist*, 35(7), 639.

Blankenhorn, D. (1995). *Fatherless America: Confronting our most urgent social problem.* New York: Basic Books.

Chen, X., Zeng, C., Gong, C., Zhang, L., Wan, Y., Tao, F. & Sun, Y. (2019). Associations between early life parent-child separation and shortened telomere length and psychopathological outcomes during adolescence. *Psychoneuroendocrinology*, *103*, 195–202.

Hannum, J. W. & Dvorak, D. M. (2004). Effects of family conflict, divorce, and attachment patterns on the psychological distress and social adjustment of college freshmen. *Journal Of College Student Development*, *45*(1), 27–42.

Lamb, M. E. (1997). Father's influence in the development of infant's relationships. *Acta paediatrica Scandinavica. Supplement*, *344*, 43–53

Lazarus, R. S. & Folkman, S. (1984). *Stress, appraisal, and coping*. Springer publishing company.

Parker, G., Tupling, H. & Brown, L. B. (1979). A parental bonding instrument. *British journal of medical psychology*.

Su, S., Li, X., Lin, D. & Zhu, M. (2017). Future orientation, social support, and psychological adjustment among left-behind children in rural China: A longitudinal study. *Frontiers in Psychology*, *8*, 1309.

Vogel, C. A., Bradley, R. H., Raikes, H. H., Boller, K. & Shears, J. K. (2006). Relation Between Father Connectedness and Child Outcomes. *Parenting*, *6*(2-3), 189–209.

Wen, M. & Lin, D. (2012). Child development in rural China: Children left behind by their migrant parents and children of non-migrant families. *Child Development*, *83*(1), 120–136.

Yang, J., Liu, X., Zhao, F., Wang, L., Liu, X., Zhou, H. & Shi, B. (2019). The effects of perceived discrimination and city identity on the social adaptation of migrant children in public and private schools. *Stress and Health*, *35*(3), 341–349.

Zhao, J., Li, Q., Wang, L., Lin, L. & Zhang, W. (2019). Latent profile analysis of left-behind adolescents' psychosocial adaptation in rural China. *Journal Of Youth and Adolescence*, *48*(6), 1146–1160.

中国人的动物刻板印象及热情优先效应*

佐 斌　张天然　温芳芳　林云涛**

摘　要：人类和动物在自然界共生共存，动物是与人类关联的社会认知对象。本研究探讨了动物刻板印象及人在对动物感知和互动中的热情优先效应。研究1a通过提名法和特质词评定法获得了25种动物热情—能力高低组合的4种刻板印象簇。研究1b采用刻板印象量表对与4种动物刻板印象簇相关联的人群进行印象评价，发现动物和人类群体的热情—能力评价存在匹配性，进一步佐证了刻板印象内容模型在动物感知中的适用性。研究2a采用自由联想和词频分析证明了动物刻板印象的热情优先效应，

---

*　国家社会科学基金重大项目"当代中国社会群体印象评价及社会心理机制"（18ZDA331）资助成果。

**　作者简介：佐斌，中山大学心理学系教授、博士生导师，华中师范大学社会心理研究中心主任，中国社会心理学会现任会长。研究领域为文化与社会心理学、社会认知与群际关系。E-mail:zuobin@mail.sysu.edu.cn
　　张天然，华中师范大学心理学院硕士研究生；
　　温芳芳，华中师范大学心理学院副教授、硕士生导师，中国社会心理学会执行秘书长，研究领域为社会心理学、性别刻板印象，通信作者，E-mail:wenff@ccnu.edu.cn；
　　林云涛，华中师范大学心理学院硕士研究生。

研究2b采用情感错误归因程序的语义范式证明了动物刻板印象的热情优先效应。研究3发现人们对高热情动物具有更积极的情绪感受和更多的积极促进行为。

关键词：动物刻板印象；刻板印象内容模型；热情优先效应；情感错误归因程序；人与动物的互动

一 引言

动物在人类进化和社会生活中扮演着非常重要的角色，在人类的食物、服饰、科研、医疗、宠物、救援、残疾人帮助等方面都有独特的功能（Herzog, 2011; Rozin, 2006; Serpell, 2009）。人与动物的关系是人类活动的重要领域，值得广泛关注和深入探索（Amiot & Bastian, 2015; Herzog, 2011; Rozin, 2006; Serpell, 2009）。在人类和动物共存的大环境下，人类和动物之间的互动交流越来越多，并且良好互动是促使自然界和谐发展的必要前提，那么二者如何进行良好互动呢？前提就是要对动物具有正确的感知。国外有研究者将"动物"作为人类社会认知的对象，参照以人类群体为对象的刻板印象内容模型（Stereotype Content Model，SCM）及热情（Warmth）和能力（Competence）维度将动物分成了不同类型（Sevillano & Fiske, 2016a; 2016b）。研究动物刻板印象不仅有助于更好地理解人们对待动物的情绪和行为（Sevillano & Fiske, 2019），也可以帮助理解人与动物的互动关系。人类种族和动物种类的分布具有一定地域特点，美国人、中国人、埃及人和阿根廷人等所熟悉的动物不完全相同，人们对动物的感知评价存在地理与文化差异（Kahane et al., 2018）。中国传统的词语文化和生肖文化等将人和动物加以关联或匹配，如中国有"气壮如牛""一马当先""小肚鸡肠"等将人的特征类比为动物的说法。那么中国的动物刻板印象内容是怎样的？动物刻板印象是否也存在热情优先效应（the warmth priority effect）？热情优先效应是否可以延伸到人与动物的互动中？这些都是本研究聚焦的核心问题。

（一）动物刻板印象及动物与人类群体的感知相似性

1. 动物刻板印象

动物感知和人类群体感知之间的关系是心理学者关注的焦点（Amiot & Bastian, 2015）。有研究者从生物和社会角度考察了在人类社会中构建动物框架的适用性，结果表明，人类感知动物的方式类似于感知人类的方式，动物是人类社会感知的目标和有效研究主题（Sevillano & Fiske, 2016b）。已有研究从与食物消费相关的态度（Rozin & Fallon, 1980）、心理感知（Waytz, Gray, et al., 2010）、痛苦与关怀的道德考虑（Loughnan, Bastian & Haslam, 2014）以及智力（Piazza & Loughnan, 2016）等方面考察了人们对动物的感知。具体来看，在日常生活中普遍存在人们对动物的固定看法，如"狗是忠诚的"，"狼是残忍凶狠的"，"马是勤劳善良的"，等等。Fenner 和 Caspar 等人（2019）的研究显示人们认为"阉马是冷静、可靠、安全的，种马是专横和可训练的"。此外，自然界中，物竞天择、适者生存，只有适应力强、能力强的动物才能活下来。"强"所对应的动物是力气强的牛、马，气势强的虎、狮、豹等，动物中的强者一般都是体格壮硕、健壮凶猛的形象。而动物界中的"弱"者一般是体形很小、居于弱势、温柔老实、不会对其他动物造成威胁的动物。Sevillano 和 Fiske（2016a）基于 SCM 就人对动物的热情和能力感知进行了初次探索和检验，结果发现人们不仅对单类动物能够进行热情与能力的印象评价，而且能够通过热情和能力将不同动物种类划分成四个群体簇，分别是高热情—低能力（HW-LC）从属刻板印象（Subordination stereotype），代表性动物包括农场动物、兔子和鸟类等；低热情—高能力（LW-HC）威胁敬畏刻板印象（Threatening-awe stereotype），代表性动物包括狼、狮子、熊和土狼等；低热情—低能力（LW-LC）鄙夷刻板印象（Contemptible stereotype），代表性动物包括无脊椎动物、啮齿动物和爬行动物；高热情—高能力（HW-HC）保护性刻板印象（Protective stereotype），代表性动物包括狗、猫、马、黑猩猩和猴子等。

2. 动物与人类群体的感知相似性

西方有关对"非人"对象感知的研究表明，当非人对象具有与人类群体的相似性或表达出人的意图，则可以采用热情与能力感知来判断。例如，研究者提出的 BIAF（Brands as Intentional Agents Framework）理论中将商品作为人来对待，认为商品也具备热情、能力属性，该理论认为商品可以像人一样去表现和传达自己的意图和能力，进而让消费者去喜欢、购买它们。（Kervyn et al., 2021）在动物方面，Haslam（2006）认为人类具有区别于动物的独特特征，包括认知能力、礼仪和教养。如果某个体（人群）被人感知缺少这些特征，他们将会内隐地或外显地被看作类似于动物。Zebrowitz 等人（2011）发现长着娃娃脸的人比较招人喜爱，不仅如此，人们对长着娃娃脸的动物比对其他动物评价也更高。在系统进化上与人类更接近的动物会引起更大的积极反应和关怀意图，如果某种动物被认为具有像人类一样的思考、感觉和行为能力，人们就更有可能喜爱和保护它（Tisdell et al., 2006），这些都从侧面说明人类和动物的感知之间存在微妙的联系，并且动物和人类之间的紧密联系以及二者的感知相似性为把动物当作一个和人一样的社会群体来进行感知提供了证据。更直接的证据来自Sevillano和Fiske（2016a）对动物刻板印象的连线游戏实验，实验发现感知动物和感知人类群体具有相似性，能够互相匹配。

值得一提的是，中国有很多将人比作动物的词语，比如过街老鼠（人人都痛恨的坏人）、百足之虫（有实力基础的势力）、贼眉鼠眼（鬼鬼祟祟的人）、千里马（德才兼备、大有作为的人）、地头蛇（独霸一方的人）等。有时候分明是人愚蠢，却说"蠢驴""笨猪"；分明是人目光短浅，却说"鼠目寸光"；分明是人心眼毒辣，却说"蛇蝎心肠"。此外，中国有世界上独特的生肖文化，中国人经常使用12种动物（其中"龙"为虚构图腾动物）来描述和推论人的特性并预测人与人的关系。这些都和国外有所不同，所以在中国文化背景下探讨动物群体和人类群体的关联性、匹配性是有价值、有意义的。

（二）刻板印象内容模型

刻板印象是人们对某些社会群组的相对固定的观念或期望所构成的认知结构以及特定的社会认知图式，对人们的社会认知及行为有重要指导作用（Gilbert, Fiske & Lindzey, 1998; Fiske, 2004）。不同类别和形态的社会群体刻板印象一直是社会心理学研究的经典和重要领域（佐斌，2015）。

刻板印象内容模型（SCM）由Fiske等人（2002）提出，使用热情和能力两个维度来评价不同群体刻板印象的内容，根据热情和能力两个维度的高低可以将群体刻板印象组合划分为HW-HC、LW-HC、HW-LC和LW-LC四个不同的类型。SCM

认为，大多数刻板印象的内容是混合的（LW-HC、HW-LC），从群体的地位可以预测其刻板印象的内容（Fiske，2018）。从进化心理学角度看，热情维度代表着对知觉对象意图的感知，如友好、助人、真诚、可信度和道德等方面，能力维度代表着对知觉对象实现意图能力的感知，如智力、技能、创造性和高效率等（佐斌等，2014）。

刻板印象内容模型已经得到了便利性取样、网络样本、代表性样本等调查和实验等不同方法（Cuddy et al., 2007；Fiske et al., 2002；Kervyn et al., 2015）、不同国家和地区（Bergsieker, Leslie, Constantine & Fiske, 2012；Cuddy et al., 2009；Durante et al., 2013）、不同时间（Durante, Volpato & Fiske, 2010）和不同群体水平（Brambilla et al., 2011）的验证。SCM除了应用于评价社会群体外，也应用于食物、公司和品牌的评价领域（Aaker, Vohs & Mogilner, 2010；Kervyn et al., 2012；Živa et al., 2020；佐斌等，2021），而这些领域都和人类有或多或少的关系，可见，如果某物能够和人类关联，那么就可以尝试使用SCM来感知和解释它们。结合上文所提到的动物和人类群体的相似性，可以认为动物的亲近、攻击性和友好倾向反映了人们对动物意图的感知（热情），而敏锐度、力量、速度等一些感官—身体能力和动物具有的潜在威胁感（蛇、蜘蛛等致命的毒素等）反映了人们对动物能力的感知（能力）。SCM作为刻板印象研究领域中当前使用最广泛的模型，显现了较好的跨文化适用性和群际关系预测性。

（三）热情优先效应

对他人的知觉是影响人际交往的重要因素（Abele & Bruckmüller,2011），刻板印象内容模型指出社会认知维度包括热情和能力。虽然热情和能力都是社会判断的基本维度，但是二者在社会判断中的权重却不完全相同。SCM 的热情和能力两个维度的性质和关系受到社会认知研究的重视。基于进化的观点，当人们面对陌生人时首先会进行"是敌是友"的意图判断以确认接近该对象是否安全，继而判断该对象实现其意图的能力。为了生存，人们需要先对热情进行判断之后再对能力进行判断（Abele & Wojciszke,2014），因此，与能力相比，社会认知和印象评价存在"热情优先效应"（Fiske, Cuddy & Glick,2007），热情与能力相比占更高权重，热情有关信息对印象形成的影响也更大（Abele & Bruckmüller,2011; Fiske,2018）。大量国内外研究采用的不同方法，如反应时法、特质推断、面孔判断、印象评价等都表明了"热情优先效应"的存在（De Bruin & van Lange, 2000; Ybarra, Chan & Park,2001; Willis & Todorov,2006; 甘烨彤等，2019；韦庆旺、李木子、陈晓晨，2018；佐斌等， 2014；佐斌等，2020）。并且热情优先效应在非人（品牌）身上，也得到了证明。但截至目前，还没有关于动物意图、热情优先的研究。人们感知动物并与之互动的前提就是动物不会伤害自己，可见动物的热情（意图）是非常重要且关键的一点，对其进行探究可以对人们感知动物、理解动物与人类的关系提供新的视角和切入点。

（四）人类与动物的互动

人类在自然界度过了漫长的时光，并且凭借着发达的大脑和辛勤的劳动学会了制造工具，发明了语言，创造了文化，在进化中将其他动物远远甩在身后；在这个漫长的进化过程中，动物始终陪伴着人类，二者之间形成了一种紧密的互相依存关系（Waal，2009）。对动物特性的感知评价，会影响人类与动物的心理关系及行为。在进化的过程中，动物是人类的主要威胁，只有那些不被动物攻击的人类才能繁衍下去，因此人类会对动物有特殊的敏感性，知道哪些动物需要躲避，哪些动物可以接近。对于蛇、蜘蛛等动物，人类难以抑制自己本能的恐惧，进而远离它们；对于猫、狗等陪伴类动物，人类就会抚摸、亲近它们；对于可能会对自己带来好处的动物，人类会表现出宽容；对于具有潜在伤害性的动物，人类会伤害它们甚至让它们灭绝。那么人们在选择和动物互动的时候更看重动物的哪些特质呢？Sevillano 和 Fiske（2016a）测量了人们对不同类型动物的情感和行为倾向，发现人们喜爱高热情—高能力的动物（狗、猫、猴等），会主动、被动地帮助它们；敬畏低热情—高能力的动物，会主动伤害、被动帮助它们；漠视高热情—低能力的动物，会主动帮助、被动伤害它们；蔑视低热情—低能力的动物，会主动、被动地伤害他们。可见，人们会对高热情—高能力的动物表现出积极的情感和行为倾向，也更愿意与这一类型的动物进行互动，这与日常生活中的所见保持一致，如狗、猫等动物会被人类当作陪伴类宠物来抚养。

（五）研究目的

国外学者基于热情与能力探索了动物刻板印象的存在，此外，中国存在很多将动物和人联系起来的词语或歇后语，刻板印象内容模型最初是面向人类群体所提出，那么对于和人类群体紧密关联的动物是否也可以表现出同样的感知规律，是否可以表现出

SCM 的普适性有待进一步确认和探索。以往研究缺少对动物刻板印象中热情与能力权重的探索，以人类为对象的"热情优先效应"在动物刻板印象中是否存在值得研究。动物因为和人类有关联才具有社会认知意义，那么在人类与动物的互动中，是否也是依据"热情优先效应"来进行互动对人类的生存、对促进人类与动物的和谐共生关系都具有重要意义。基于以上分析，本文拟通过三个研究，从动物与人类互动的角度，聚焦人类对动物的感知和动物刻板印象的热情优先效应进行深入考察。研究 1a 使用热情—能力两个维度，对中国人常见的动物进行刻板印象内容划分，研究 1b 从人类和动物印象评价的相似匹配性出发，从侧面佐证热情—能力维度在动物这一社会认知对象上的适用性；研究 2a、2b 探索动物刻板印象的热情优先效应；研究 3 在研究 2 的基础上进一步探讨当人类选择和动物进行互动时是否也优先基于热情维度。

二 研究 1：中国人的动物刻板印象内容探索

研究 1 旨在考察中国被试对动物的刻板印象内容，获得中国人对动物热情—能力评价状况以及探究动物与人类群体的感知相似性。

（一）预研究：动物提名

1. 研究目的

探索并获得中国被试熟悉的动物提名。

2. 研究方法

被试。通过问卷星平台随机招募 109 名被试，其中男性 40 人，女性 69 人，18 岁以下占 6%，18—25 岁占 78%，26—30 岁占 16%。

程序。被试提名自己熟悉的动物,指导语为"请尽可能多地列出你能想到的动物(不必具体到某种动物的品种)"。

3. 结果

根据被试提名的动物群体进行频次分析(将具体到品种的动物提名划归到其所属的物种中,如将"哈士奇"划归到动物"狗"中)。选取提名频次较多的 25 种动物。提名完成后,将不常见的孔雀(频次:24)和容易与禽类(鸡)混淆的鸟(频次:32)删除,从而得到中国被试的提名结果(表1)。

表 1　　中国被试提名频次位于前 25 的动物

序号	动物	频次	序号	动物	频次
1	狗	112	14	鱼	45
2	猫	92	15	鸭	41
3	虎	86	16	熊猫	40
4	鸡	69	17	老鼠	36
5	猪	66	18	长颈鹿	34
6	兔子	64	19	豹	30
7	猴	62	20	熊	22
8	蛇	59	21	鹅	20
9	狮子	59	22	狐狸	20
10	羊	59	23	鲸	20
11	大象	52	24	蜥蜴	18
12	牛	49	25	虫子	16
13	马	46			

注:109 名被试有效提名 1917 个,平均每个被试提名 17.6 种动物。

（二）研究 1a：中国人的动物刻板印象内容与聚类

1. 研究目的

以预研究获得的动物提名为基础，通过被试对各种动物热情与能力维度的评分进行动物聚类分析，确认中国被试动物刻板印象的内容模型及每一类型所包含的主要动物种类。

2. 研究方法

（1）被试

参考前人在探索动物评价研究时使用的被试量为 135 名（Sevillano & Fiske, 2016a），招募被试 194 名，考虑同一被试评价 25 种动物的任务量过大，将被试分为两批。第一批被试评价 13 种动物，通过问卷星平台实际随机招募 122 名被试，其中男性 21 人，女性 101 人，18 岁以下占 10.1%，18-25 岁占 89.1%，26-30 岁占 0.8%。第二批被试评价其余 12 种动物，通过问卷星平台实际随机招募 72 名被试，其中男性 15 人，女性 57 人，18 岁以下占 8.2%，18-25 岁占 91.8%。

（2）实验材料与程序

刻板印象内容量表：使用描述性词语"热情的""好意的""友好的"作为热情维度的评价项目，使用"能力的""有技巧的""聪明的"作为能力维度的评价项目。被试对所有动物进行 1—7 分的评价（1 为评价最低，7 为评价最高）。对所有量表进行内部一致性信度检验，结果表明热情内部一致性信度区间为 0.744-0.931，能力内部一致性信度区间为 0.756-0.927。说明量表有较好的内部一致性信度。

3. 结果与分析

使用 R-studio 对被试评价 25 种动物的数据进行分层聚类分析，获得最佳聚类数目为 4；用 k-means 方法获得每一类别所包含的动物（表2）和分布图（图1）。

表2　中国被试对25种动物的热情—能力印象评价与聚类

动　物	热情（M, SD）	能力（M, SD）	聚类
鸡、猪、羊、鱼、鸭子、鹅	4.37（±0.34）	4.20（±0.26）	HW-LC
老虎、狮子、豹、熊、狐狸	3.64（±0.23）	5.67（±0.34）	LW-HC
狗、猫、兔子、猴子、大象、牛、马、熊猫、长颈鹿、鲸鱼	5.21（±0.36）	5.45（±0.37）	HW-HC
蛇、老鼠、虫子、蜥蜴	2.90（±0.30）	4.84（±0.64）	LW-LC

对各印象簇内的动物做配对样本 t 检验发现（表3），被试对 HW-LC 簇内动物的热情（M = 4.37，SD = 0.34）和能力（M = 4.20，SD = 0.26）评价差异不显著（$p > 0.05$），HW-HC 簇内动物的热情（M = 5.21，SD = 0.36）和能力（M = 5.45，SD = 0.37）评价差异也不显著（$p > 0.05$），LW-HC 簇内动物的热情（M = 3.64，SD = 0.23）与能力（M = 5.67，SD = 0.34）评分差异显著（$p = 0.001$），LW-LC 簇内动物的热情（M = 2.90，SD = 0.30）和能力（M = 4.84，SD = 0.64）评价差异显著（$p = 0.017$）。

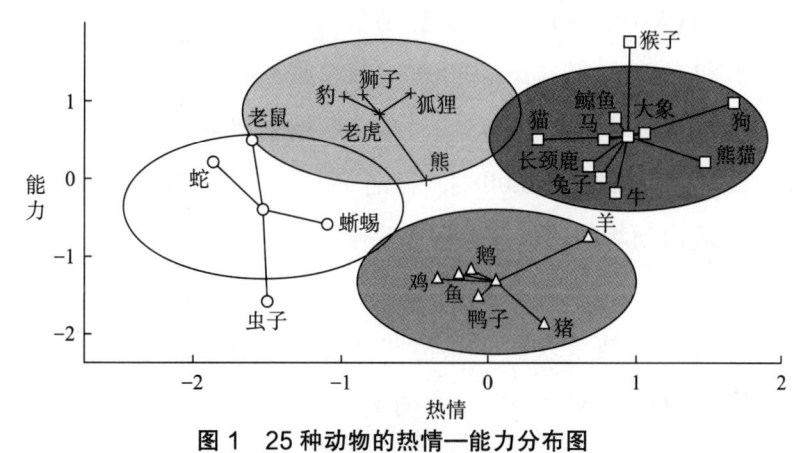

图1　25种动物的热情—能力分布图

表3　　　　　　　　四类动物印象簇内的配对样本 t 检验

聚类	Mw-Mc	SD	95% CI	t	Cohen's d
HW-LC	0.17	0.39	[−0.24, 0.59]	1.08	0.43
LW-HC	−2.03	0.53	[−2.68, −1.37]	−8.60**	−3.83
HW-HC	−0.24	0.46	[−0.57, 0.09]	−1.66	−0.52
LW-LC	−1.94	0.81	[−3.23, −0.65]	−4.77*	−2.40

注：Mw 为热情评分均值，Mc 为能力评分均值；*$p < 0.05$，**$p < 0.01$（下同）。

为检验各动物印象簇之间的差异，以动物印象簇为自变量，热情与能力分别为因变量做两次单因素方差分析，结果发现，各个印象簇的热情评分差异显著，$F(3, 21)=56.89$，$p < 0.001$，$\eta^2p = 0.890$；能力评分差异也显著，$F(3, 21)=17.03$，$p < 0.001$，$\eta^2p = 0.709$。具体来说，在能力方面，HW-HC 簇内动物的能力评分显著高于 HW-LC 簇（$p < 0.001$），HW-HC 簇和 LW-LC 簇、LW-HC 簇的动物的能力评分差异不显著（$p > 0.05$）；LW-HC 簇内动物的能力显著高于 HW-LC 簇（$p < 0.001$）和 LW-LC 簇（$p = 0.032$）；HW-LC 簇的能力得分和 LW-LC 得分差异不显著（$p > 0.05$）。热情方面，HW-HC 簇内动物的热情评分显著高于 LW-HC 簇（$p < 0.001$）和 LW-LC 簇（$p < 0.001$），HW-HC 簇和 HW-LC 簇的能力得分差异不显著（$p > 0.05$）；LW-HC 簇内动物的热情得分显著低于 HW-LC 簇（$p = 0.008$），显著高于 LW-LC 簇（$p = 0.018$）；HW-LC 簇内动物的热情评分显著高于 LW-LC 簇（$p < 0.001$）。

4. 讨论

研究 1a 的结果表明，热情和能力两个维度能够较好地反映和区分中国被试对 25 种动物的刻板印象内容，与 Sevillano 和 Fiske（2016a）以美国人为被试获得的动物刻板印象内容结果基本一致，但又有细微差别，具体来说国内 LW-LC 簇内动物的能力显著高于热情而国外两者差异不显著，这可能与该簇内的动物如蜥蜴、蛇等的不常见有关，因此该簇能力得分高于热情得分。同样国内 HW-LC 的热情和能力差异不显著而国外是显著的，这可能与热情优先效应有关，即热情在评价中所占比重较大（Abele & Bruckmüller, 2011；Fiske, 2018），所以只要具备高热情，该动物的能力得分就不会很低。在簇间，在 HW-HC 簇与 LW-LC 簇的能力对比中，国外是差异显著的而国内差异不显著，这可以用不寻常性来解释。研究者发现能力和热情评分与不寻常度评分相关联，不寻常和能力是正相关、热情是负相关（Sevillano & Fiske, 2016a）。所以 LW-LC 簇的动物，如蜥蜴，它的不寻常性会提高人们对它的能力评价，导致了 HW-HC 簇和 LW-LC 簇能力对比差异不显著；在 LW-HC 簇和 LW-LC 簇的热情对比中，前者显著高于后者，从不寻常性角度来看，LW-LC 簇动物的不寻常性降低了人们对其的热情评价，导致了极低的热情得分。总的来说，这与对人类群体印象的划分一样，在动物群体中刻板印象内容仍然适用，本研究发现可以将中国人提名的 25 种常见动物按热情与能力的高低组合分成 4 种刻板印象簇。这一结果可以帮助人们更好地理解中国人对动物特点的认知及态度和原因。

（三）研究 1b：动物和关联人群的热情—能力评价的匹配性

1. 研究目的

通过提名获得与动物关联的人类群体，探究被试对动物关联人群的印象评价及与动物刻板印象在热情—能力维度上的匹配关系，以用来解释刻板印象内容模型使用于非人类对象的心理机制。

2. 研究方法

（1）被试

动物关联人类群体提名阶段，招募 161 名武汉某高校学生填写问卷星收集数据，其中男性 61 名，女性 100 名，18 岁以下占 13.0%，18-25 岁占 65.2%，26-30 岁占 13.7%，31 岁以上占 8.1%。印象评价阶段，参考前人在探索动物和关联人群评价研究时使用的被试量为 135 名 (Sevillano & Fiske, 2016a)，故招募 148 名武汉某高校学生采用问卷星收集数据，其中男性 46 人，女性 102 人，18 岁以下占 10.1%，18-25 岁占 81.1%，26-30 岁占 6.1%，31 岁以上占 2.7%。

（2）实验材料与程序

①动物材料 研究 1a 获得的动物刻板印象内容在每个印象簇内的具体动物数量不相等，为保证启动材料的平衡，将每一个动物印象簇内的动物数量统一为最少的 4 种，共确定了 16 种动物，HW-HC 簇为狗、牛、猴、马；LW-HC 簇为虎、熊、狮、狐；HW-LC 簇为鱼、鸡、猪、羊；LW-LC 簇为鼠、蛇、虫、蜥蜴。

②人类群体。8 名心理学专业研究生进行提名和群体归类，结合管健（2011）获得的 32 个群体，共获得 50 种人类群体作为候选的关联群体对象。

③关联群体提名。使用问卷星收集被试的群体提名。指导语为："在日常生活中，人们经常用不同的动物去形容或类比各种人类群体。为了更好了解这种现象，我们选择了 50 种典型人类群体和 16 种常见动物，请根据您的经验选择可以和这些动物匹配的部分人类群体。每种动物最多选择 7 种人类群体与之对应。"

④刻板印象评价。选取被试对每种动物对应提名频次最多的人类群体作为该动物的关联人群，请被试对每种关联人群进行热

情与能力印象评价。评价工具同研究 1 中的刻板印象内容量表。

3. 结果与分析

采用 SPSS 24.0 分析数据，计算每种关联人群的热情与能力得分，结果见表 4。

表 4　　　　　　　动物和关联人群的热情—能力评价匹配

动物	热情 M（SD）	能力 M（SD）	关联群体	热情 M（SD）	能力 M（SD）	刻板印象簇
狗	5.91（0.82）	5.76（0.86）	年轻人	4.96（1.08）	5.11（1.06）	HW-HC
牛	5.14（1.00）	4.98（1.06）	工人	5.04（1.19）	4.56（1.32）	HW-HC
猴	5.22（1.15）	6.28（0.70）	年轻人	4.96（1.08）	5.11（1.06）	HW-HC
马	5.06（0.97）	5.44（1.01）	快递员	5.01（1.24）	4.46（1.18）	HW-HC
虎	3.50（1.34）	5.80（0.93）	警察	5.63（1.19）	5.67（1.10）	LW-HC
熊	3.94（1.57）	5.06（1.19）	健身族	4.96（1.00）	5.00（0.96）	LW-HC
狮	3.52（1.36）	5.83（0.94）	警察	5.63（1.19）	5.67（1.10）	LW-HC
狐	3.83（1.37）	5.84（1.06）	商人	4.36（1.20）	5.75（0.97）	LW-HC
鱼	4.16（1.37）	4.25（1.30）	海归	4.55（1.15）	5.49（1.09）	HW-LC
鸡	4.01（1.26）	4.21（1.37）	打工妹	4.80（1.07）	4.04（1.11）	HW-LC
猪	4.69（1.20）	3.81（1.47）	啃老族	3.02（1.31）	2.76（1.25）	HW-LC
羊	4.90（1.20）	4.60（1.24）	独生子	4.34（1.02）	4.63（0.96）	HW-LC
鼠	2.82（1.30）	5.43（1.31）	腐败分子	3.09（1.28）	4.78（1.44）	LW-LC
蛇	2.58（1.36）	5.24（1.29）	腐败分子	3.09（1.28）	4.78（1.44）	LW-LC
虫	2.92（1.37）	4.01（1.65）	啃老族	3.02（1.31）	2.76（1.25）	LW-LC
蜥蜴	3.29（1.25）	4.69（1.45）	腐败分子	3.09（1.28）	4.78（1.44）	LW-LC

分别对同一刻板印象簇内动物和关联人群的热情能力维度进行独立样本 t 检验（表 5）。结果发现：在 HW-HC 动物与关联人群的比较中，动物的能力评分（$M = 5.62$，$SD = 0.55$）显

表 5　动物与关联人群分别在热情与能力维度评分的独立样本 t 检验

印象簇	M_{wa}	M_{wp}	$M_{wa}-M_{wp}$	95% CI	t	M_{ca}	M_{cp}	$M_{ca}-M_{cp}$	95% CI	t
HW-HC	5.33	4.99	0.34	[−0.14, 0.82]	1.73	5.62	4.81	0.81	[0.01, 1.60]	2.48*
LW-HC	3.70	5.15	−1.45	[−2.24, −0.65]	−4.45**	5.63	5.52	0.11	[−0.52, 0.74]	0.42
HW-LC	4.44	4.18	0.26	[−0.84, 1.36]	0.58	4.22	4.23	−0.01	[−1.47, 1.44]	−0.02
LW-LC	2.90	3.07	−0.17	[−0.53, 0.19]	−1.14	4.84	4.27	0.57	[−0.89, 2.03]	0.95

注：M_{wa} 为动物热情得分均值，M_{wp} 为关联人群热情得分均值，M_{ca} 为动物能力得分均值，M_{cp} 为关联人群能力得分均值。

著高于关联人群的能力评分（$M = 4.81$，$SD = 0.35$，$p = 0.048$），Cohen's $d = 1.74$；在 LW-HC 动物与关联人群的比较中，关联人群的热情（$M = 5.15$ $SD = 0.61$）显著高于 LW-HC 动物（$M = 3.70$，$SD = 0.22$，$p = 0.004$），Cohen's $d = -3.15$，其他组比较不存在显著差异（$p > 0.05$）。

群体水平的统计结果显示，动物刻板印象的热情维度与关联群体的热情维度的相关系数为 $r = 0.49$，$p = 0.057$，呈边缘显著；动物刻板印象的能力维度和关联群体的能力维度的相关系数为 $r = 0.73$，$p = 0.0012$，呈显著正相关。

4. 讨论

研究 1b 进一步通过对刻板印象簇中动物和关联人群在热情与能力维度的评分比较发现，被试对 8 组印象簇中的 6 组关联人群和动物的印象评价没有差异，具有相同的热情—能力评价模式，显示人们对动物和人群的热情—能力评价具有总体上的匹配性和相似性，对人的社会认知（印象评价）似乎迁移或泛化到对动物的评价。只有在 HW-HC 印象簇的能力维度和 LW-HC 印象簇的热情维度出现了对关联人群与动物印象评价的差异，被试对 HW-HC 关联人群（如"年轻人"和"快递员"）的能力评价显著低于 HW-HC 动物（如"牛"和"马"）；对 LW-HC 关联人群（如"警察"和"商人"）的热情评价显著高于 LW-HC 动物（如"虎"和"熊"）。对于热情和能力双高的动物和人群的评价，对动物能力的评分比人群高，这可能是因为牛、马等对中国人具有的重要交通工具或生产工具的功能有关，它们能够辅助和提升人类的能力，并且人们对高能力的人会有嫉妒心理（Sevillano & Fiske，2016a），这可能导致对其能力评价不是特别高。低热情高能力的动物和人群相比，可能因为动物不像人类群体会受到社会道德规范等的约束，这类动物对人不亲近，人们对它们拥有的高能力有所忌惮（Sevillano & Fiske，2016b），这就使人们对它们的热情评价要更低。相关分析的结果显示，被试对动物和关联人群的能力和热情维度分别有显著相关。总的来说，被试对动物的热情—能力评价和对关联人群的热情—能力密切相关，方向相同，热情—能力评价具有匹配性。

三 研究2：动物刻板印象中的热情优先效应

（一）研究2a：动物印象评价特质词的热情与能力频次分析

1. 研究目的

通过对自由联想获得的特质词的频次比较来检验人们更加注重动物的热情特质还是能力特质，探索人类在评价动物中是否存在与评价人类印象类似的热情优先效应。

2. 研究方法

（1）被试

参与被试共120名（36男，84女），M_{age} = 19.91，SD_{age} = 1.34，考虑同一被试评价16种动物的任务量过大，每位被试只需评价4个簇内的各一种动物，共有4种情况，每种情况30人。

（2）实验材料与程序

同研究1b的动物材料，问卷示例：1. 我对"牛"的印象是（100字以内）；2. 我通常用如下形容词来描述"牛"。让每位被试填写一份问卷，结束后给予一定的报酬。

3. 结果与分析

将被试填写的文本数据进行主要词频提取（图2），同时按热情、能力、外形、其他四类将被试提名的特质词进行分类（表6）。

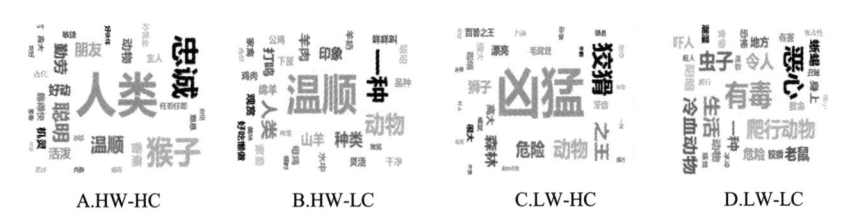

A.HW-HC　　　B.HW-LC　　　C.LW-HC　　　D.LW-LC

图2　对动物印象提名特质词的簇词云图

表6　　　　　　　　评价动物印象的特质词词频表

分类	HW-HC 频次	HW-HC 概率	HW-LC 频次	HW-LC 概率	LW-HC 频次	LW-HC 概率	LW-LC 频次	LW-LC 概率
能力	176	30.09%	80	13.45%	163	27.12%	79	14.11%
热情	222	37.95%	135	22.69%	228	37.94%	219	39.11%
外形	59	10.09%	112	18.82%	93	15.47%	129	23.04%
其他	128	21.88%	268	45.04%	117	19.47%	133	23.75%

在词云图中，较高词频的词如忠诚、温顺、凶猛、有毒等都表现了人类对动物意图的猜测，这表明人们在描述动物时，主要是从热情方面进行描述。同样，在词频表中可以看出，在4类簇中，热情特质词的频次均高于能力特质词，且除HW-LC簇外，热情特质词频次均高于25%，这从另一方面表明当人们在评价动物时，主要在热情相关方面进行评价。

从被试对动物印象评价的特质词可以发现，被试均重点围绕热情方面进行描述和评价，显示了人们的动物刻板印象中的热情优先效应的存在。这也表明人们在感知动物和与动物互动的时候，首先要明确动物的意图如何——它是温顺的，对人类是友善的；还是凶猛、危险的，对人类有害的。

（二）研究2b：动物刻板印象中"热情优先效应"的内隐检验

1. 研究目的

使用情感错误归因程序范式（Affect Misattribution Procedure，AMP）中的语义错误归因来探测被试对动物的印象评价是否存在热情优先效应。

2. 研究方法

AMP由Payne等人（2005）提出，所谓错误归因就是把一个目标所引发的情感错误归咎于另一个目标。AMP范式的原理是启动刺激的属性会无意识引发被试相应的情感，当遇到意义不明确的目标刺激时，被试会把启动刺激引发的情感投射到目标刺激上（任娜、佐斌，2012）。相比外显测量，AMP能够通过简化的实验程序探索"热情优先效应"的内隐状态，对自变量做出自动化反应，反应时和效价更加敏感和精细，并且AMP不仅可以引起情感错误归因，也可以引起语义错误归因（Blaison, Imhoff, Hühnel, Hess & Banse, 2012）。

（1）被试

使用G*power 3.1软件（Faul et al., 2007）计算研究所需样本量，效应量设置为0.25，α设置为0.05，达到0.8的统计检验力需要最低被试量24名。招募33名武汉某高校在校大学生参加实验，实验结束后给予一定报酬。其中3名被试未完成实验，2名被试始终按同一键反应，相应的数据删除。因此共有28名有效被试（9男，19女），M_{age} = 22.55，SD_{age} = 2.4。所有被试均视力正常，母语为汉语，没有学习过希伯来语。每个被试单独施测，完成实验程序需要 5 分钟。

（2）实验材料与程序

刺激材料同研究 1b 的动物材料，和 200 个希伯来单词中的某个单词。

采用 E-prime 2.0 编制实验程序，被试以自然姿势坐在计算机前。每个试次依次在计算机屏幕中心呈现"+"型注视点 1000ms、启动词 100ms、空屏 100ms（SOA 为 200ms）、目标刺激 100ms、掩蔽图片直到被试进行反应（示例见图 3）。被试的任务是分别按"F/J 键"对目标进行"热情/能力"的判断，被试按照要求进行反应后，掩蔽图片消失后自动进入下一试次。实验包括 10 个练习试次和 32 个正式实验试次，实验结束后屏幕出现致谢和实验的简单解释。

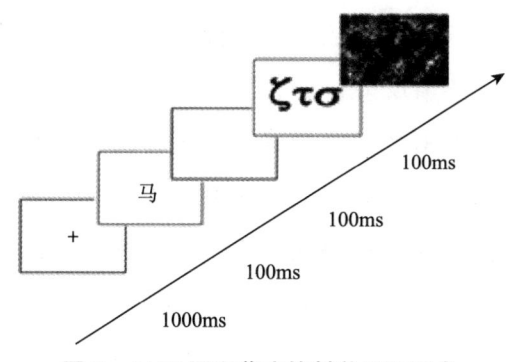

图 3　AMP 语义范式的刺激呈现图式

3. 结果与分析

对四个动物印象簇的热情反应率（被试按键反应为热情的概率）和概率中值 0.50 进行单样本 t 检验（表 7），结果发现：被试对 HW-HC 动物的热情反应率（$Mw = 0.65$, $SD = 0.25$）显著高于 0.50（$p = 0.004$）；对 HW-LC 动物的热情反应率（$Mw = 0.62$, $SD = 0.22$）

显著高于 0.50（$p = 0.007$）；对 LW-HC 动物的热情反应率（$Mw = 0.37$，$SD = 0.28$）显著低于 0.50（$p = 0.019$）；对 LW-LC 动物的热情率（$Mw = 0.33$，$SD = 0.26$）显著低于 0.50（$p = 0.002$）。

表 7　被试对不同动物印象簇热情反应率的单样本 t 检验

印象簇	Mw	$Mw-0.50$	95% CI	t
HW-HC	0.65	0.15	[0.05, 0.24]	3.15**
HW-LC	0.62	0.12	[0.04, 0.21]	2.91**
LW-HC	0.37	−0.13	[−0.24, −0.02]	−2.49*
LW-LC	0.33	−0.17	[−0.27, −0.07]	−3.40**

注：Mw 为热情反应率；0.50 为反应为热情或能力的概率中值。

4. 讨论

研究 2b 结果表明，整体上被试对目标的热情反应率是随着动物印象簇（刺激）的热情高低而同向变化的，高热情刺激物引发高热情反应，即只要有高热情不管能力如何都反应为热情；低热情刺激物引发低热情反应，即只要没有高热情不管能力如何都反应为能力。这是中国被试对动物的刻板印象评价存在热情优先效应的证据。这和人跟动物互动也是密切相关的，人们和动物互动的前提在于了解动物是否会伤害人类，感知动物的意图（热情），所以热情优先在人和动物之间是必要且重要的。从人类社会来看，中国人强调"做人"（对人的态度）超过"做事"（干事的能力），这一价值取向可能泛化到中国人对包括动物在内的目标评价，也是中国人动物评价的拟人化或类比化表现。总之，采用内隐的 AMP 范式，证明在中国人的动物刻板印象评价中也存在类似人类群体印象评价中的"热情优先效应"（佐斌等，2020）。

四 研究3:"热情优先效应"影响人对动物的情绪感受与行为倾向

(一)研究目的

探明动物中也存在热情优先效应后,进一步探究这种热情优先效应如何影响人们与动物的互动,即如何影响人们对动物的情绪感受以及会有什么样的行为倾向。

(二)研究方法

1. 被试

使用 G*power 3.1 软件(Faul et al., 2007)计算研究所需样本量,效应量设置为 0.25,α 设置为 0.05,达到 0.8 的统计检验力语义差异量表和行为倾向量表都需要最低被试量 24 名。实际招募 93 名被试,其中 4 名被试打分完全一致,相应的数据删除。因此共有 89 名有效被试(44 男,45 女),M_{age} = 22.37,SD_{age} = 4.73。

2. 实验材料与程序

材料为 Fiske 的行为倾向量表(Sevillano & Fiske, 2016b)和朱鸿健的语义差异量表(朱鸿健,2015)。行为倾向量表中选取积极促进维度的 3 个题目,帮助、对其友好、互动,在语义差异量表中选取情绪情感维度中的 3 个题目,反感—好感、厌恶—喜欢、紧张—轻松,1—7 计分。被试对研究 2 中的 4 个簇的动物进行量表评价。行为倾向量表内部一致性信度为 0.970,语义差异量表内部一致性信度为 0.759。每位被试填写量表,结束后获得一定的报酬。

(三) 结果与分析

以四个动物印象簇作为自变量，情绪情感得分为因变量作方差分析，结果发现印象簇主效应显著 $F(3, 86) = 74.624$, $p < 0.001$, $\eta^2_p = 0.722$；成对比较表明，HW-HC 簇动物的情绪情感得分显著高于 LW-HC 簇、LW-LC 簇，$p < 0.001$，和 HW-LC 簇相比得分差异不显著，$p > 0.05$；HW-LC 簇得分显著高于 LW-HC 簇、LW-LC 簇，$p < 0.001$；LW-HC 簇得分显著高于 LW-LC 簇，$p < 0.001$。从 HW-HC 簇和 HW-LC 簇得分显著高于 LW-HC 簇和 LW-LC 簇可以看出，动物具有高热情会提高人们对其的积极情绪。同样在两个维度的对比中，即在 HW-LC 簇（只具有高热情）和 LW-HC 簇（只具有高能力）的比较中，仍是前者胜于后者，这进一步说明了对于高热情动物人们会有更高的积极情绪，并且 HW-HC 簇、HW-LC 簇得分差异不显著更能说明只要动物具有高热情，能力得分的差异并不影响人们对其的积极情绪。

以四个动物印象簇为自变量，行为倾向得分为因变量作方差分析，结果发现印象簇主效应显著 $F(3, 86) = 95.139$, $p < 0.001$, $\eta^2_p = 0.768$；成对比较表明，HW-HC 簇动物的行为得分显著高于 HW-LC 簇、LW-HC 簇、LW-LC 簇，$p < 0.001$（见表8）；HW-LC 簇得分显著高于 LW-HC 簇、LW-LC 簇，$p < 0.001$；LW-HC 簇得分显著高于 LW-LC 簇，$p < 0.001$。从 HW-HC 簇和 HW-LC 簇（都包含高热情）得分显著高于 LW-HC 簇和 LW-LC 簇（都不包含高热情）可以看出，动物具有高热情会提高人们对其的积极促进行为，如帮助等。进一步来看，去单独比较两个维度，即在 HW-LC 簇（只具有高热情）和 LW-HC 簇（只具有高能力）的比较中，前者是胜于后者的，这进一步说明了对于高热情

动物人们会有更积极的促进行为。

表 8　　　　　　　　　不同动物簇的行为得分与情绪得分

动物簇	行为 M	行为 SD	情绪 M	情绪 SD
HW-HC	5.82	0.93	5.38	1.26
LW-HC	4.61	1.42	4.38	1.29
HW-LC	5.19	1.19	5.28	1.08
LW-LC	3.12	1.59	2.90	1.35

（四）讨论

从对积极行为和情绪情感得分的分析来看，人们对具有高热情的动物有更多的、更积极的情绪情感体验和积极行为，这表明人们对那些对其没有伤害意图的动物（该动物是热情的），会有更积极的情绪体验，会更喜欢它们，也有更多的积极行为。这也在一定程度上说明热情在人对动物感知中的重要性。

五　综合讨论

以刻板印象内容模型为基础，通过三个研究探讨了中国被试动物刻板印象的内容和与关联人群的匹配性、热情优先效应、对不同簇动物的情绪感受和行为倾向，结果表明动物刻板印象和人类群体刻板印象能够按照热情与能力高低进行划分，同时证明动物和动物关联人群在热情—能力评价中存在匹配性，热情优先效应在动物刻板印象中存在并且人们对高热情动物有更积极的情绪感受和积极促进行为。这些发现一方面进一步检验和扩展了刻板印象内容模型的跨文化解释力，同时为人—动物评价的社会认知研究提供了新视角。

（一）中国背景下的动物刻板印象内容

研究探索了中国人对熟悉动物的提名以及 25 种提名动物的热情和能力印象评价，通过聚类分析获得了 25 种动物在热情与能力高低组合的 4 种刻板印象簇。中国被试提名的 25 种动物中有 22 种和美国被试提名的相同（Sevillano & Fiske, 2016a）。中美被试提名的动物存在很大的共同性，都提名了一些日常生活常见动物，如狗、猫、鱼等。从动物印象簇及包含的这些具体动物来看，动物刻板印象及四类动物刻板印象簇总体上一致，表明 SCM 在动物作为社会认知研究对象中的跨文化适用性。这也反映了人类对动物的认知是从人类自身的视角出发的，人们将对自身（个体与群体）的认识评价的认知维度和结构扩展到对动物的认识与理解过程。动物刻板印象内容的跨文化一致性可能根植于动物刻板印象的起源和进化适应价值。在人类社会早期，人类力量尚不足以自保，很多动物对人类的生存构成威胁。这种情况下，人类只有正确认识各种动物并采取有效的应对策略才能保证自身生存，比如遇到哪些动物时要逃跑、哪些动物容易捕捉到，等等，这些知识作为人类原始记忆逐渐进化衍变成对动物的刻板印象，同时这些刻板印象又影响着人类与动物之间的关系以及人类对待动物的态度和行为（Amiot & Bastian, 2015; Singer, 1990; Sevillano & Fiske, 2019）。

当然，中国被试提名的动物频次和美国被试的提名顺序并不完全相同，还有 3 个动物提名的差异，中国人提名了熊猫、鹅、羊等中国人更加熟知的动物，美国人提及了河马、斑马、仓鼠等自然界的野生动物。这显示了中国人的动物感知和国外也有差异。十二生肖中真实存在的 11 种动物都被中国被试提名而且靠前，显示了中国文化对中国人的动物感知与评价的影响。动物在中国传统文化中具有特殊意义（马玉堃，2015），除了中国具有以动物为生肖的独特文化，中国人还通常对一些喜爱和欣赏的动物赋予特殊寓意，比如狗、羊、马、虎分别被赋予了忠、孝、节、义的含义，"鲤鱼跃龙门"用以指代状元及第。可见，人们对动物的感知也是社会文化建构的产物（Marcu, Lyons & Hegarty, 2007）。

本研究发现，中国被试对动物和关联人群的印象评价在6个SCM印象簇上没有显著差异，存在的两个印象簇对动物和人群印象评价的差异也只是同方向上的程度不同，对动物和关联人群的能力和热情维度评分分别显著性相关，人们对动物和人群的热情—能力评价模式具有总体匹配性和相似性。以往对于动物与人关联的研究主要集中在拟人化、非人化、污名化等现象，缺少将动物作为一种与人类关联的"平等"群体进行比较关联的研究（Costello & Hodson, 2014; Loughnan, Haslam, Sutton & Spencer, 2014）。然而在现实生活中，将某些人群和某种动物联系起来相互类比是常见的现象。研究显示 LW-LC 动物的关联人类群体出现了比较高的重叠现象，鼠、蛇、蜥蜴三种动物的关联人群均为腐败分子，对这三种动物和腐败分子的热情—能力评分没有差异，和日常生活中用鼠蛇之辈形容这些群体相一致。动物和关联人群在热情—能力上的评价的匹配性，为理解人和动物的关系以及动物感知和社会认知的相似心理机制提供了新的证据和研究视角。

动物与人类的关系紧密而复杂，既是共生伙伴关系，也有竞争与回避关系。动物和关联人群印象评价具有的热情—能力匹配性，是人类认识和理解动物和人类自身的相似认知心理机制的反映，也会受到进化和文化等多种因素的影响。国外也有研究给人—动物的印象评价匹配性提供了证据，Harris 和 Fiske（2006）认为，人们针对"最底层的人"会有一些非人性化的认知，发现人们在感知"低热情—低能力"群体时不会激活大脑的认知神经网络，而是会激活与厌恶相关的脑结构，这说明人们厌恶那些"低热情—低能力"印象簇的人，而这也和人们厌恶那些"低热情—低能力"的动物之间是匹配与对应的。还有研究发现媒体对罪犯的报道包含了更多非人性化的丛林形象（Goff et al.，2008），如恐怖分子是需要消灭的害虫（Jackson & Gaertner，2010），这些研究都为探究动物和人类之间的评价匹配性提供了理解和应用研究的领域或方向。

（二）动物刻板印象存在和社会群体印象相似的热情优先效应

通过词频分析和 AMP 实验范式考察了人们对动物印象评价中的热情与能力维度，结果发现动物刻板印象中存在和社会群体印象中类似的热情优先效应。研究 2a 的结果发现，无论是用一段话描述动物还是用形容词来描述动物，热情方面的词均是最多，最受被试重视的，这也说明人们在评价动物时，会特别注重动物的热情特质。研究 2b 的结果发现，热情反应率随着动物印象簇（刺激）热情水平的高低而发生同向的变化，而刺激物能力水平并没有引发能力反应概率的同向变化。当刺激是 HW-HC 和 HW-LC 动物时，被试将目标判断为热情的概率高于将其判断为能力的概率，表明只要具备高热情被试就倾向将其判断为热情；当刺激是 LW-HC 和 LW-LC 动物时，被试将目标判断为能力的概率高于判断为热情的概率，这表明当动物没有高热情时便将其判断为能力，这也是热情优先效应的体现。本研究首次证明了"热情优先效应"在动物刻板印象中的存在，这与以往研究中以人类群体为对象所发现的"热情优先效应"相符合（Fiske, Cuddy, Glick, 2007；韦庆旺，李木子，陈晓晨，2018；佐斌，温芳芳，杨珂，谭潇，2020），也与人们对高热情动物表现出喜爱之情，对低热情动物表现出厌恶之情的发现相吻合（Sevillano & Fiske, 2016a），这种对动物感知时的"热情优先效应"对人类也具有进化的生存适应意义，人们对那些低热情动物的厌恶和远离可以保证自己的安全，从而保持稳定持续的发展。

（三）对不同簇动物的情绪感受和行为倾向

人们经常会和不同的动物互动、打交道，而选择什么动物，对什么动物更喜爱，对什么动物有更多的积极行为是有一定规律的。研究3发现，动物具有高热情就会提高人们对其的积极情绪感受和积极行为倾向，这说明人们在和动物互动过程中，更加看重动物的热情即意图，人们首先需要判断该动物对自己有什么意图，它是想友好地与人们相处还是想攻击自己，这种意图是至关重要的。得知其意图后，才会进行能力的感知和判断，也就是说能力的重要性是位于热情之后的，这也佐证了热情优先效应的存在。在某些方面，人们看待和对待动物的方式与人们看待其群体的方式相似。这样会让人们感知动物时，产生一种积极的偏见（Sears, 1983）。具体来讲，动物与人类越相似，对它们的评价就越积极（Knight et al., 2009），因为在人类社会中人们都更加喜欢和热情的人交朋友，同样在对动物的认知中，人们也更喜欢和热情的动物互动交流。其实，动物（尤其是高热情动物，如狗、猫）与亲密的人际关系一样，它们能提供类似家人朋友一样的情感支持，所以人们会给予它们更多的喜爱和积极行为（McConnell et al., 2011）。总的来说，人们对那些具有高热情的动物有更多的积极情绪感受和积极行为，热情无论在人类社会还是在对动物的感知中都是极为重要的。

（四）理论创新及实践意义

本研究首次探索了中国人的动物刻板印象内容及动物和动物关联人群在热情—能力评价方面的匹配性，进一步考察了热情优先效应和对动物的情绪感受以及行为倾向，具有一定的理论创新和实践意义。

首先，本研究对动物刻板印象进行了本土化探索，在国内首次获得动物及动物刻板印象的热情与能力评价数据。研究发现社会认知的"大二"模型适合对动物感知的评价指标，扩展了SCM的适用范围。动物刻板印象具有的跨文化实用性和一定的文化差异以及动物刻板印象中的热情优先效应的存在，这些发现为不同社会文化及地理背景下人类的动物感知提供了新的视角。

其次，动物是人类社会认知的目标和扩展对象，对动物印象评价和人类群体印象评价的关系虽然受到研究关注，但是本研究不同于以往从虚拟游戏出发将人和动物进行匹配的操作（Sevillano & Fiske，2016a），创新使用"动物和哪些人类群体相似"的提名并直接将动物和关联人群的热情—能力评价进行匹配分析，发现了对人类群体和动物印象评价的匹配性。

最后，本研究为人类感知和对待动物及人的印象管理等提供了独特的参考。动物刻板印象能够用于解释人类如何对待动物、如何与动物互动，热情优先效应在动物中的发现也拓展了其在非人化中的应用。人类和动物刻板印象的相似之处能够增强人们对动物的道德关怀，增加对与动物关联的人类弱势群体的关注。

（五）研究不足与展望

本研究对中国人的动物刻板印象及动物与人类群体印象评价的关系进行了系列探索，但仍有一些问题和不足需要进一步研究。首先，本研究的被试主要是大学生群体，今后应拓展不同年龄、不同职业的社会人群为样本，进一步提升研究的适用性和社会生态效度。其次，本研究的理论依据是 SCM 和社会认知的热情—能力维度，未来研究可尝试从中国人的动物感知、中国社会群体印象评价的角度探索发展出新的评价维度和模型。此外，本研究仅从相关角度发现了动物和人类的热情—能力评价在四类印象簇中的评价匹配性，进一步考察动物刻板印象与人类群体评价之间的因果关系是值得深入研究的重要方向。动物和人类自身都是客观现实中的存在，人类与动物之间有着"相生相克"的复杂关系，人和动物的具体关系状况必定影响着人对动物的感知和评价，感知评价的后果也会进一步对人的社会认知和印象评价产生影响，因此人和动物的关系、人对自我的印象评价及社会情境对刻板印象的评价和热情优先效应的调节或中介作用，也是今后应关注的研究主题。

参考文献

陈苗苗、冯成志、田晓明 (2014)，《错误归因的叠加效应：发生于情感还是语义过程？》，《心理科学》，第 37 卷第 3 期，第 694—699 页。

管健、程婕婷 (2011)，《刻板印象内容模型的确认、测量及卷入的影响》，《中国临床心理学杂志》，第 19 卷第 2 期，第 184—188 页。

马玉堃 (2015)，《中国传统动物文化》，北京：科学出版社。

任娜、佐斌 (2012)，《测量内隐态度的情感错误归因程序》，《心理科学》，第 35 卷第 2 期，第 457—461 页。

韦庆旺、李木子、陈晓晨 (2018),《社会阶层与社会知觉：热情和能力哪个更重要?》,《心理学报》,第 50 卷第 2 期,第 243—252 页。

佐斌、代涛涛、温芳芳、滕婷婷 (2014),《热情与能力的关系及其影响因素》,《心理科学进展》,第 22 卷第 9 期,第 1467—1474 页。

佐斌、张阳阳、赵菊、王娟 (2006),《刻板印象内容模型：理论假设及研究》,《心理科学进展》,第 14 卷第 1 期,第 138—145 页。

佐斌、温芳芳、杨珂、谭潇 (2020),《情境对"热情优先效应"的影响——基于同伴提名法的检验》,《心理科学》,第 43 卷第 6 期,第 1384—1390 页。

佐斌、戴月娥、温芳芳、高佳、谢志杰、何赛飞 (2021),《人如其食：食物性别刻板印象及对人物评价的影响》,《心理学报》,第 53 卷第 3 期,第 259—272 页。

佐斌 (2015),《刻板印象内容与形态》,武汉：华中师范大学出版社。

Aaker, J., Vohs, K. D. & Mogilner, C. (2010). Nonprofits are seen as warm and for-profits as competent: Firm stereotypes matter. *Journal of Consumer Research*, *37*(2), 224–237.

Abele, A. E. & Bruckmüller, S. (2011). The bigger one of the "big two"? preferential processing of communal information. *Journal of Experimental Social Psychology*, *47*(5), 935–948.

Amiot, C. E. & Bastian, B. (2015). Toward a psychology of human-animal relations. *Psychological Bulletin*, *141*(1), 6–47.

Bergsieker, H. B., Leslie, L. M., Constantine, V. S. & Fiske, S. T. (2012). Stereotyping by omission: Eliminate the negative, accentuate the positive. *Journal of Personality and Social Psychology*, *102*, 1214–1238.

Blaison, C., Imhoff, R., Hühnel, I., Hess, U. & Banse, R. (2012). The affect misattribution procedure: Hot or not? *Emotion*, *12*, 403–412.

Costello, K. & Hodson, G. (2014). Explaining dehumanization among children: the interspecies model of prejudice. *British Journal of Social Psychology*, *53*(1), 175–197.

Cuddy, A. J. C., Fiske, S. T. & Glick, P. (2007). The bias map: behaviors from intergroup affect and stereotypes. *Journal of Personality and Social Psychology*, *92*(4), 631–48.

Cuddy, A. J. C., Fiske, S. T., Kwan, V. S. Y., Glick, P., Stéphanie Demoulin.,

& Leyens, J. P. (2009). Stereotype content model across cultures: towards universal similarities and some differences. *British Journal of Social Psychology*, *48*(1), 1–33.

Curtin, S. (2009). Wildlife tourism: The intangible, psychological benefits of human-wildlife encounters. *Current Issues in Tourism*, *12*, 451–474.

Durante, F., Volpato, C. & Fiske, S. T. (2010). Using the stereotype content model to examine group depictions in fascism: an archival approach. *European Journal of Social Psychology*, *40*(3), 465–483.

Faul, F., Erdfelder, E., Lang, A.-G. & Buchner, A. (2007). G*Power 3: A flexible statistical power analysis program for the social, behavioral, and biomedical sciences. *Behavior Research Methods*, *39*, 175–191.

Fiske, S. T. (2004). *Social Beings: A core motives approach to social psychology.* New York: Wiley.

Fiske, S. T. (2018). Stereotype content: warmth and competence endure. *Current Directions in Psychological Science*, *27*(2), 67–73.

Fiske, S. T., Cuddy, A. J. C., Glick, P. S. & Xu, J. (2002). A model of (often mixed) stereotype content: Competence and warmth respectively follow from perceived status and competition. *Journal of Personality and Social psychology*, *82*(6), 878–902.

Gilbert, D. T., Fiske, S. T. & Lindzey, G. (1998). The handbook of social psychology, vols. 1 and 2 (4th ed.). *New York, NY, US: McGraw-Hill The handbook of social psychology.*

Goff P, Eberhardt J, Williams M. & Jackson M. (2008). Not yet human: implicit knowledge, historical dehumanization, and contemporary consequences. *J. Personal. Soc. Psychol. 94*, 292–306.

Haslam, N. (2006). Dehumanization: An integrative review. *Personality and Social Psychology Review*, *10*(3), 252–264.

Herzog, H. (2011). The impact of pets on human health and psychological well-being: Fact, fiction, or hypothesis? *Current Directions in Psychological Science*, *20*(4), 236–239.

Kahane, G., Everett, J. A. C., Earp, B. D., Caviola, L., Faber, N. S., Crockett, M. J. & Savulescu, J. (2018). Beyond sacrificial harm: A two-dimensional model of utilitarian psychology. *Psychological Review*, *125*(2), 131–164.

Kervyn, N., Fiske, S. T. & Malone, C. (2012). Brands as intentional agents framework: How perceived intentions and ability can map brand perception. *Journal of Consumer Psychology*, *22*(2), 166–176.

Kervyn, N., Fiske, S. T. & Yzerbyt, V. (2015). Forecasting the primary dimension of social perception. *Social Psychology*, *46*(1), 36–45.

Knight, S., Vrij, A., Bard, K. & Brandon, D. (2009). Science versus human welfare? Understanding attitudes toward animal use. *Journal of Social Issues*, *65*, 463–483.

Loughnan, S., Haslam, N., Sutton, R. M. & Spencer, B. (2014). Dehumanization and social class: animality in the stereotypes of "white trash," "chavs," and "bogans". *Social Psychology*, *45*(1), 54.

Loughnan, S., Bastian, B. & Haslam, N. (2014). The psychology of eating animals. *Current Directions in Psychological Science*, *23*(2), 104–108.

Marcu, A., Lyons, E. & Hegarty, P. (2007). Dilemmatic human-animal boundaries in Britain and Romania: Post-materialist and materialist dehumanization. *British Journal of Social Psychology*, *46*(4), 875–893.

McConnell, A. R., Brown, C. M., Shoda, T. M., Stayton, L. E. & Martin, C. E. (2011). Friends with benefits: On the positive consequences of pet ownership. *Journal of Personality & Social Psychology*, *101*, 1239–125.

Payne, B. K, Cheng, C. M, Govorun, O. & Stewart, B. D. (2005). An inkblot for attitudes: affect misattribution as implicit measurement. *Journal of personality and social psychology*, *89*(3), 277–293.

Piazza, J. & Loughnan, S. (2016). When meat gets personal, animals' minds matter less: Motivated use of intelligence information in judgments of moral standing. *Social Psychological and Personality Science*, *7*(8), 867–874.

Rozin, P. (2006). Domain denigration and process preference in academic psychology. *Perspectives on Psychological Science*, *1*(4), 365–376.

Sears, D. O. (1983). The person-positivity bias. *Journal of Personality & Social Psychology*, *44*, 233–250.

Serpell, J. A. (2009). Having our dogs and eating them too: Why animals are a social issue. *Journal of Social Issues*, *65*(3), 633–644.

Sevillano, V. & Fiske, S. T. (2016a). Warmth and competence in animals. *Journal of Applied Social Psychology*, *46*(5), 276–293.

Sevillano, V. & Fiske, S. T. (2016b). Animals as social objects: Groups, stereotypes, and intergroup threats. *European Psychologist*, *21*(3), 206–217.

Sevillano, V. & Fiske, S. T. (2019). Stereotypes, emotions, and behaviors associated with animals: a causal test of the stereotype content model and bias map. *Group Processes & Intergroup Relations*, *22*(6), 879–900.

Vining, J. (2003). The connection to other animals and caring for nature. *Research in Human Ecology*, *10*, 87–99.

Waytz, A., Gray, K., Epley, N. & Wegner, D. M. (2010). Causes and consequences of mind perception. *Trends in Cognitive Sciences*, *14*(8), 383–388.

Willis J. & Todorov, A. (2006). First impressions: Making up your mind after a 100-Ms exposure to a face. *Psychological Science*, *17*, 592–598.

Ybarra, O., Chan, E. & Park, D. (2001). Young and old adults' concerns about morality and competence. *Motivation and Emotions*, *25*, 85–100.

Zebrowitz, L. A., Wadlinger, H. A., Luevano, V. X., White, B. M., Xing, C. & Zhang, Y. (2011). Animal analogies in first impressions of faces. *Social Cognition*, *29*(4), 486–496.

[青年论坛]

老年人社会心理的研究与展望*

陆敏婕**

摘　要： 老年人的社会心理是世界性的心理学研究问题。心理学研究发现老化对个体在社会情境中的心理及行为有着重要影响。老年人的社会认知、情感、人际关系等是老年人社会心理的研究主题。另外，老年人的社会心理和行为表现还受到文化与国情的影响，因此，中国老年社会心理研究具有重大的理论和现实意义。

关键词： 老年人，老化，社会心理，文化

　　人口老龄化正成为全球的大趋势。在我国，60 岁及以上人口为 26402 万人，占总人口的 18.70%（国家统计局，2021）。老化给老年人自身、有老年人的家庭和社会都带来一系列挑战，这使得老化研究成为焦点。社会心理学研究发现，老年人在社会情境中的认知决策、动机、情感等多个方面与年轻人有着显著的差异。同时，个体的社会心理和行为除了受到自身年龄的影响外，还会

---

* 本研究得到香港中文大学社会科学学院 Direct Grant 的资助。
** 作者简介：陆敏婕，北京师范大学应用心理学院特聘副研究员，中国心理学会老年心理专业委员会、中国老年学和老年医学学会老年心理学分会委员。研究领域为社会心理学、老年心理学、情绪心理学等。Email:mjlu@bnu.edu.cn。

受到其所在的环境主要指社会和文化因素等外在因素的深刻影响（Ingersoll-Dayton et al., 2004；Wan et al., 2007）。冯海澜（Fung Helene Hoi-Lam）等人提出在个体老龄化过程中，文化对个体的影响也不能忽视（Fung, 2013）。由于文化价值观的不同，不同文化和社会下的老年人会有不同的心理特征和行为表现。因此，本文在回顾老年人社会心理和行为相关的理论和研究发现的同时，还将重点阐述老化心理学理论在中国文化和社会中的应用和扩展，提出如何进行适老化改造、帮助老年人实现积极老化等建议。

一 老年人的社会认知和决策

在社会认知方面，老年人会更多地对积极信息进行加工，同时回避消极信息，这也被称作"积极效应"或"积极偏向"（Positivity Bias /Effect, Carstensen et al., 2003；）。大量研究发现这种偏向广泛存在于老年人的知觉、注意和记忆当中。例如，使用眼动追踪技术的研究发现（Isaacowitz et al., 2006a, 2006b），老年人会更多地关注积极情绪的表情（如快乐），而年轻人则更多地关注消极的情绪表情（如恐惧）。而在决策方面，老年人也受到积极偏向的影响。研究发现，积极的信息（如强调散步的好处）比消极框架（强调不散步的坏处）更能促使老年人进行运动，使老年人在一周内行走的步数更多（Notthoff & Carstensen, 2014, 2017）。

老年人认知加工过程中存在的"积极偏向"虽然在欧洲和北美人群中得到广泛验证，但是其效应在东亚文化的个体中会有一定程度的减弱（综述见 Fung, 2013）。跨文化研究发现，欧美文化属于个体主义文化，强调个体的独立自主（Independence），更重视个体的内在想法、感受和维持自尊（Markus & Kitayama，1991），因此，欧美文化的个体更偏好加工积极信息、体验积极情绪，因为这些过程有助于他们实现个体主义的价值观（Frey & Stahlberg，1986）。相比欧美文化，东亚文化属于集体主义文化，强调人与人之间是相互依存的（Interdependence）。因此，东亚文化更重视群体和群体内部的人际关系。

研究发现，受到集体主义和相互依存文化的影响，中国老年人会关注环境中的各方面信息，对消极的信息也同样重视。例如，在一项与健康信息相关的研究中，中国老年人甚至对负面的信息表现出更好的再记忆（Fung & Tang，2005）。

老年人的认知直接影响着他们同客观世界的交互，社会在推进适老化改造的过程中应充分考虑老年人的认知特点。近几年老年人需要面对的"数字鸿沟"备受社会的关注和热议，政府工作报告更提出"要做到不让智能工具给老年人日常生活造成障碍"。要帮助老年人迈过"数字鸿沟"，可结合老年人对信息的加工特点来促进老年人使用智能手机、融入互联网生活。

首先，既然老年人容易受到积极的信息和刺激的影响，我们可以利用这种心理效应去促进老年人使用智能手机。例如，政府和企业可以从积极的角度去宣传智能手机的作用，让老年人将使用智能手机和拥抱美好便捷的生活联系在一起。其次，媒体应该多宣传和树立老年人成功学习和掌握使用智能手机的正面例子，减少强调老年人需要面对"数字鸿沟"的困难和挑战，避免使老年人对智能手机产生回避和畏难的心理。

另外，上文提到，我国老年人对消极信息也十分关注，对其给予与积极信息一样甚至更多的关注度。在早期智能移动设备和互联网普及过程中存在很多电信诈骗。这些手机和互联网的负面信息和经历容易使得老年人对智能手机或网络形成难以磨灭的负面印象，也是导致老年人对智能手机保持回避和恐惧态度的一个重要心理原因。从回避倾向的角度来看，政府和企业可以针对老年人进行反电信诈骗知识科普、利用电信数据库重点拦截可能的诈骗电话，从而对老年人的手机号码进行重点保护，帮助老年人建立"不受骗"的信心，尽量解除他们对使用智能手机的恐惧和担忧。最终，让老年人解绑认知当中对智能手机的负面刻板印象，并对智能手机形成积极的态度，为其学习和使用智能手机打下稳健的心理基础。

二 老年人的社会动机和情感

人的一生会追寻不同的社会目标，如追求新事物、未来发展、情感满足等，而老化会改变这些目标在个体心目中的优先次序（社会情感选择理论，Socioemotional Selectivity Theory，Carstensen，2006）。老化心理学研究发现，当个体年轻的时候，感知到未来的时间还有很多，他们的动机会以未来导向为主，更优先考虑获取知识性信息、寻求新体验或扩大社交圈等目标。而随着年龄的增大，人们感知到未来时间越来越有限，他们的动机会更关注眼前，会转向寻求情感满足相关的目标。例如，研究发现，人们临死前的愿望清单更多涉及情感满足的内容（Chu et al., 2018）。健康相关的研究也发现，较之中性的健康信息，强调情感目标的健康信息更容易被记住，对老年人的健康行为改变更大（Zhang et al., 2009）。

由于老年人优先获得情感满足的动机，情绪研究发现，老年人比年轻人体验到的消极情绪更少，而积极情绪更多，表现出更高水平的情绪幸福感,以满足他们日益增强的情感动机和需求(Reed, Larry & Mikels, 2014)。另外,在应对老化引起的诸多问题和困扰(如疾病、认知功能衰退、亲友离世等)的过程中,为了满足自己的情感需求,老年人还表现出比年轻人更强的情绪调节能力,他们积极避免情绪困扰、选择快乐生活(王芹等,2015)。最新研究发现,在新冠疫情中,面对疫情带来的长期压力,老年人也比年轻人葆有更多的积极情绪(Carstensen et al., 2020)。

从老化研究可以看出,老年人虽然在生理、认知等功能上面临不可以逆转的衰退,但是其高级动机和情感功能则相对保持良好,甚至比年轻人更追求情感价值的获得和满足,在某种程度上弥补了老化带来的负面效应。这一心理特点可以帮助老年人自身和社会应对老龄化带来的困难和挑战,促进老年人积极面对老化。

首先,上文提到的社会适老化改造过程,也需要顾及老年人的情感动机和需求。例如在家用电器和手机等新产品、新技术应用等领域,设计者可以尝试为产品加入更多的情感元素,例如设置带情绪表情的按键反馈机制、添加家庭模式和亲属互联等功能、加入社交和分享功能。这些设计一方面为老年人用户提供了直接、高强度、短链路的情感反馈,可以契合老年人重视情感体验的心理特点;另一方面则可以通过人际交流、社交分享等互动过程增加产品情感价值,满足老年人对情感目标的需求,从而促进他们对新产品新科技的接受度和使用。

其次,既然老年人更重视情感价值,则可以考虑通过激发老年人的情感动机来鼓励他们继续发挥作用,实现积极老化。例如,政府和社会各界在为老年人提供养老照料的同时,还可以提供老年文化体育服务,把老有所养和老有所为结合起来,完善促进老年人再就业、参与志愿服务、将老年教育纳入终身教育体系等政策措施，帮助老年人实现"老而不休""老有所学"。另外，在推进这些服务和措施的同时，需要在老年人参与这些活动时增加他们在过程中体验到的自我效能感、意义感和获得感，通过提高老年人感受到的情感价值和意义来激发他们老骥伏枥的精神，从而拥有更积极和乐观的晚年生活。

三 老年人的人际关系和社会参与

情感动机不仅能让老年人改变自身的认知加工模式和情绪策略，还能让他们在人际交往方面更关注亲密的社会关系。研究发现，人们的社交网络特征（Social Network Characteristics，SNC，Fung et al.，2001；Lang & Carstensen，2002）会随着年龄发生变化。年轻人的未来导向让他们更愿意结识新朋友、建立广泛的人际网络，以实现自己未来的计划和目标；但是老年人则主动缩小自己的交际圈，选择和较为熟悉的和联系紧密的家人朋友相处，以便从亲密稳定的人际关系中获得情感意义和满足（Yeung et al.，2008）。早期研究发现，随着年龄增长，个体的外围社交伙伴（如关系疏远的亲戚、一般朋友、熟人）数量会减少，但情感亲密的社会伙伴（如家庭核心成员，亲密的朋友）的数量则保持相对稳定（Lang & Carstensen，2002）。

但是，因为文化和国情的不同，中国老年人也有其特点。前文提到，中国属于相互依存文化，强调"人情社会"。Fung等人（2001）发现，因为重视人情关系，中国老年人有着更加多样化的社交伙伴互动，即使步入老年，他们也没有减少外围社交伙伴的数量；而在情感亲密的社交伙伴的数量上，甚至表现出增加的趋势（Yeung et al., 2008）。一项纵向研究通过考察 18—91 岁中国人在两年时间内社交伙伴数量的变化，也有相同发现（Zhang et al., 2011）。

从理论和研究都可以看出，无论是亲密的人际关系还是广泛的社会参与对我国老年人都有着同样重要的意义。然而，随着我国人口流动规模的逐年扩大，越来越多的年轻人离开家乡，到新城市生活定居，给老年人的人际关系网的维持带来巨大威胁。一方面，部分老年人要从原住地移居到子女所在城市（俗称"老漂族"），需要重新适应新的城市文化和生活。另一方面，也有相当规模的老年人留居家乡独自生活，成为"留守老人""空巢老人"，失去子女的陪伴和照顾。根据全国老龄办数据，2020年全国居住形态为空巢的老年人规模达到1.18亿。无论是留守还是随迁，老年人都面临着社会关系体系的分崩离析和重建带来的问题和挑战。

既然大量研究证实老年人首先重视的是亲密社交伙伴，那么子女和家庭的支持对于老年人来说是至关重要的。政府管理部门可以通过宣传教育倡议子女多陪伴老年人，并通过制定政策为子女赡养、照顾和陪伴父母提供有利条件。例如，对于有老年人的家庭，除现有的减税政策外，还可以考虑延长外地员工的探亲假期，对养老负担重的家庭提供补助等。

另外，上文提到我国老年人不仅重视亲密的人际关系，同时他们也重视各种类型的社会伙伴，这启发我们要更重视老年人的社交需求，扩大老年人的社会参与。例如，在老年人最容易接触到的社区层面，应加强一对一或团体形式的社会支持服务，切实让老年人群体，尤其是独居、留守老人感受到来自他人的支持和关怀，作为他们相对缺失的家庭情感联结的补充。而对于"老漂族"老年人，则可以鼓励他们加入当地的社区团体或参与社区的服务活动，促进随迁老年人和本地居民的互动，并在互动中帮助随迁老年人更好地融入本地，适应新生活。这些措施将有助于满足中国老年人对外围社交伙伴和人际关系的独特需要，促进老年人的人际交往和社会参与。

四 展望

社会心理学的理论和实证研究表明，年龄增长会对个体的社会动机、认知、情感、人际关系等产生一系列的影响。同时，这种影响还受到个体所在文化的调节作用，导致不同文化下个体的老化呈现出不同的心理和行为表现。虽然这些研究为我们深入了解老年人的社会心理和行为提供了理论和实证依据。但是，在心理学研究中，相比关注老年人认知衰退和精神疾病的研究，关注老年人的社会心理的研究还相对不足。面对老龄化带来的挑战，未来研究在考察老化如何对个体的社会心理产生影响的同时，还应充分考虑文化价值观、社会现状和国情等因素，考察老化和文化二者的协同作用，具体可以从以下两个方面展开。

一方面，在个体层面，未来的研究可以继续考察文化和国情在个体老化过程中对个体认知、情绪等心理过程和行为的塑造。目前，虽然针对我国老年人的心理特征的研究已经积累了一定的成果和重要发现，但是研究主要集中在对个体主义和集体主义文化价值观的分析。跨文化心理学发现，除个体/集体主义价值观的差异外，在社会情境当中，文化通过个体的社会化过程对个体的认知模式、世界观等多个方面都有着本质性的塑造作用，例如中国文化还有着整体认知、辩证思维等特点（Peng & Nisbett, 1999）。后续研究可以考察这些文化因素如何影响我国老年人的社会心理和认知过程。

另外，我国社会和国情还有其独特性，如大规模的人口迁移导致大量留守老人、流动老人，信息技术迅猛发展等，这些因素给我国老年人带来的影响也是未来研究的一个重要方向。

另一方面，在社会层面，未来研究还应该探索如何构建一个老年友好型社会。老化不仅影响着个体的心理、行为和生活，社会人口老龄化还给社会的物质人力资源、养老医疗、公共服务系统等多个方面带来挑战。外界社会如何应对这些挑战，除上文提到的适老化改造为老年人提供更舒适的客观生活环境外，也应考察如何在社会舆论和环境中倡导积极的老龄观，减少对老化的恐惧和对老年人的歧视。目前，相关研究主要考察社会对个体老化过程和老年人群体的态度、刻板印象、歧视等心理和行为（Ng et al., 2021；Robertson, 2017）。我国虽然有着"尊老敬老"的优良文化传统，但是当前社会对个体老化却有着一定的负面认知，例如招聘中往往有"30、40"年龄要求，人们对容貌衰老有着焦虑。未来研究可以以我国"尊老敬老"的优良传统文化为切入点，考察其能否改善社会对老化和老年人的负面认知和态度。

在深入了解文化国情和个体老化的相互作用的基础上，在个体层面可以深入掌握我国老年人特有的心理行为特点和规律，以促进老年人自主应对自身老化带来的改变，进而帮助老年个体实现积极老化。在社会层面，可以结合我国特有的文化社会环境，完善老年人社会支持体系，从而营造一个老年人友好型社会。

参考文献

王芹、吴捷、谷莉、王雪艳（2015），《有效情绪调节与老年人情感健康研究进展》,《中国老年学杂志》, 第 35 卷第 15 期, 第 4394—4397 页。

Carstensen, L. L. (2006). The influence of a sense of time on human development. *Science*, *312*(5782), 1913–1915.

Carstensen, L. L., Fung, H. H. & Charles, S. T. (2003). Socioemotional selectivity theory and the regulation of emotion in the second half of life. *Motivation and Emotion*, *27*(2), 103–123.

Carstensen, L. L., Shavit, Y. Z. & Barnes, J. T. (2020). Age advantages in emotional experience persist even under threat from the COVID-19 Pandemic. *Psychological Science*, *31*(11), 1374–1385.

Chu, Q., Grühn, D. & Holland, A. M. (2018). Before I die: The impact of time horizon and age on bucket-list goals. GeroPsych: *The Journal of Gerontopsychology and Geriatric Psychiatry*, *31*(3), 151–162.

Frey, D. & Stahlberg, D. (1986). Selection of information after receiving more or less reliable self-threatening information. *Personality and Social Psychology Bulletin*, 12, 431–441.

Fung, H. H. (2013). Aging in Culture. *The Gerontologist*, *53*(3), 369–377.

Fung, H. H., Carstensen, L. L. & Lang, F. R. (2001). Age-related patterns in social networks among European Americans and African Americans: Implications for socioemotional selectivity across the life span. *International Journal of Aging & Human Development*, 52, 185–206.

Fung, H. H. & Tang, L. Y. T. (2005). Age differences in memory for emotional messages: Do older people always remember the positive better. *Aging International*, 30, 244–261.

Ingersoll-Dayton, B., Saengtienchai, C., Kespichayawattana, J. & Aungsuroch, Y. (2004). Measuring psychological well-being: Insights from Thai elders. *The Gerontologist*, 44, 596–604.

Isaacowitz, D. M., Wadlinger, H. A., Goren, D. & Wilson, H. R. (2006a). Selective preference in visual fixation away from negative images in old age? An eye-tracking study. *Psychology and Aging*, 21, 40–48.

Isaacowitz, D. M., Wadlinger, H. A., Goren, D. & Wilson, H. R. (2006b). Is there an age-related positivity effect in visual attention? A comparison of two methodologies. *Emotion*, 6, 511–516.

Lang, F. R. & Carstensen, L. L. (2002). Time counts: Future time perspective, goals, and social relationships. *Psychology and Aging*, 17, 125–139.

Markus, H. R. & Kitayama, S. (1991). Culture and the self: Implications for cognition, emotion, and motivation. *Psychological Review*, 98, 224–253.

Ng, R., Chow, T. Y. J. & Yang, W. (2021). The Impact of Aging Policy on Societal Age Stereotypes and Ageism. *The Gerontologist*, 62(4), 598–606.

Notthoff, N. & Carstensen, L. L. (2014). Positive messaging promotes walking in older adults. *Psychol Aging*, 29(2), 329–341.

Notthoff, N. & Carstensen, L. L. (2017). Promoting walking in older adults: Perceived neighborhood walkability influences the effectiveness of motivational messages. *Journal of Health Psychology*, 22(7), 834–843.

Peng, K. & Nisbett, R. E. (1999). Culture, dialectics, and reasoning about contradiction. *American Psychologist*, 54(9), 741–754.

Reed, A. E., Chan L. & Mikels J. A. (2014). Meta-analysis of the age-related positivity effect: age differences in preferences for positive over negative information. *Psychology and aging*, 29(1), 1–15.

Robertson, G. (2017). Ageing and ageism: the impact of stereotypical attitudes on personal health and well-being outcomes and possible personal compensation strategies. *Self & Society*, 45(2), 149–159.

Wan, C., Chiu, C. Y., Tam, K. P., Lee, S. L., Lau, I. Y. & Peng, S. (2007). Perceived cultural importance and actual self-importance of values in cultural identification. *Journal of Personality and Social Psychology*, 92, 337–354.

Yeung, D. Y., Fung, H. H. & Lang, F. R. (2008). Self-construal moderates age differences in social network characteristics. *Psychology and Aging*, 23, 222–226.

Zhang, X., Fung, H. & Ching, B. H. (2009). Age differences in goals: Implications for health promotion. *Aging & Mental Health*, 13(3), 336–348.

Zhang, X., Yeung, D. Y., Fung, H. H. & Lang, F. R. (2011). Changes in peripheral social partners and loneliness over time: The moderating role of interdependence. *Psychology and Aging*, 26, 823–829.

人以群分：社会分类及作用*

温芳芳**

摘　要：社会分类作为社会认知的重要基础，是心理表征、区分与辨别、组织与建构的过程与心理策略，也是人类适应的关键。由于分类依据和维度的复杂性，社会分类本身的目的和任务也不同，对于社会分类的认知加工过程可通过分类—个性化模型、联结模型和整合模型来加以理解。社会分类有助于简化信息，促进思维决策和人际交往与互动。

关键词：社会分类；维度；社会适应；加工机制；群际关系

"物以类聚，人以群分。"人是社会的一员，每个人都拥有许多不同的群体成员身份。不同社会群体的分类及其关系演化，构成社会运行的实际图景。社会分类作为社会认知的重要基础，包含怎样的心理过程，人们依据哪些维度进行分类，不同的社会分

---

　*　本研究得到国家社科基金重大项目（18ZDA331）和国家社科基金后期资助项目（20FSHB003）的资助。

　**　作者简介：温芳芳，华中师范大学心理学院暨社会心理研究中心副教授、硕士生导师。中国社会心理学会常务理事和执行秘书长、中国心理学会社会心理学专业委员会委员。研究领域为社会分类、性别刻板印象、群际关系、心理健康教育等。Email: wenff@ccnu.edu.cn。

类又在人们的生存、适应与发展中发挥怎样的作用？对上述问题的思考，有助于更深刻地理解社会中人的心理与行为的本质。

一 社会分类的实质

分类（categorization）能帮助人类通过最少的认知努力获得最多的信息（Stolier & Freeman，2017），是人们日常生活和理解周围世界的根本经验。社会分类则是根据人们的社会特征进行范畴化或分类的认知过程。而作为群际偏见与歧视的产生基础，分类和社会分类本身是一个非常复杂且灵活多变的心理过程（温芳芳、佐斌，2019）。

在社会认知研究领域，虽然研究者关注的群体分类问题并不完全一致，但是对于其心理本质的理解仍然有一定共识。Klapper等人（2017）对社会分类的内涵进行了系统梳理，从表征（representing）、对分（dichotomization）、组织（organizing）和组分（grouping）等方面来理解社会分类；也有学者指出，社会分类是人类的一种社会适应和进化需要。

（一）社会分类是心理表征过程

从普遍的认知功能角度来看，社会分类是个体将外部社会刺激（人的信息线索）映射到个人内部表征的过程。分类的表征可由任何成分所构成，例如社会群体、个体身份及人格特质等（Klapper et al.，2017）。根据心理学的经典模型（classical model），只有当外部刺激具有若干必要且共同充分的特征时才能映射到内部表征，因此人们的分类存在最简二分的认知结果：由于外部刺激具备共同且充分的特征从而映射到内部心理表征，抑或由于外部刺激不具备所有必要的特征从而未映射到内部表征（Klapper et al., 2017）。

（二）社会分类是区分与辨别的过程

与关注对象的典型特征即分类作为表征的理解不同，从另一个角度看，分类是一个结果导向的区分与辨别过程。区分辨别的目的和结果是紧密相连的，这一分类的过程与结果有"对分"和"组分"两种情形。以往研究表明，这两种情形的心理机制有所不同。"对分"情形下，通常只有一些特定的刺激表征可以作为分类，例如性别、国籍或国民身份等，而不包括那些连续的和等级的属性、人格特质等刺激表征（Klapper et al., 2017）。而"组分"分类的定义强调人们基于他人所属的社会群体特征来进行分类，而不是将他人作为独特的个人实体来进行分类（Hugenberg et al., 2010）。

（三）社会分类是组织与建构的心理策略

社会分类作为一种组织化的心理策略，通过对他人的内部表征中的类别表征的策略来理解个体。基于连续体模型（continuum model），有关个人与群体的内部表征内容包括类别属性与特质属性两种，人们在对他人信息加工时也相应包括基于类别属性的加工和基于特质属性的加工两种类型，这两种认知加工类型在人们的认知联结网络中体现了不同的心理功能。基于类别加工的分类发挥着组织与建构的作用，有助于对个体属性特征的整合与理解（Fiske & Neuberg, 1990）。社会分类的重点不是具体个人的信息，而是寻找与建构一个理解个体属性的认知框架，分类过程是一个认知组织与建构心理框架的过程。

（四）社会分类是人类适应价值的表现

社会分类作为人类认知最受关注的研究焦点之一，也具有重要的适应价值。一方面，社会分类具有重要的进化意义，是人类和动物习得相似类别的生存之道；另一方面，社会分类作为人们理解认知和社会认知的重要基础，是人类和动物认知适应的关键（Liberman, Woodward & Kinzler, 2017）。

梳理社会分类的内涵对于理解社会分类的心理实质提供了多样视角。总体而言，社会分类是依据一定的线索或标准对人或群体进行感知、思维及判断形成类别化认知结构的心理过程。具体的社会分类活动，与社会认知者的注意偏向、线索呈现、标准与依据、加工任务等直接相关。

二 社会分类的维度

由于分类依据的复杂性与线索的具体性，社会分类本身的目的和任务也不同，因此"社会分类"从不同的角度来看也表现出多样的形式。

第一，以人为对象的社会分类可以细分为社会性和非社会性两种类别，其中社会性分类主要是指一些人格特质（如灵活的、坚定的等），非社会性分类则是指一些身体物理特征（如高矮胖瘦等）。有研究表明，人们对社会性和非社会性的社会类别学习存在一定差异（Gamond et al., 2012）。

第二，基于维度数量可划分为单维和多维分类（Kang & Bodenhausen, 2015）。单维分类即人们在进行分类时依据单一的类别线索来进行分类，例如根据性别维度可分为男人和女人；根据年龄维度可分为年轻人和老年人。在现实世界的社会认知和人际交往中，每个分类对象的身份并非单一的，而是具有多重身份的，当前关于多重维度的社会分类及其对社会感知、印象形成和人际群际互动等影响受到社会心理学者的广泛关注。

第三，根据类别自身的可辨识界限清晰度可划分为模糊分类和明晰分类（Forsman & Barth，2017）。模糊分类的目标对象类别相对不清晰，例如，具有多种特征的产品、多种族身份的人、性取向以及变性者身份等（Wilson，Remedios，& Rule，2017）；明显分类的线索则相对更清晰。

第四，按照类别的不同程度可以划分为二分分类与连续分类（Master，Markman，& Dweck，2012）。在日常生活中人们通常采用二分分类来对目标对象进行分类，但实际上很多维度类别是连续的，通过将分类从二分转向连续类别的视角，有助于感知者采取更个性化而不是更刻板化的态度来进行判断，也有助于减少分类效应及偏差。

第五，按照分类的不同表征层级结构可以分为上位分类和下位分类（Hinzman & Maddox，2017）。相对更具体、更个性化的下位分类而言，上位分类更为抽象和概括化，具有下位分类共有的特质表征。人们一般基于下位分类来对上位分类加以组织。此外，基于再分类模型，人们也可以将个体进行更上位层级的分类，这有助于印象更新，减少刻板印象与群际偏见。

三 社会分类的加工机制

社会分类作为社会认知的重要基础，其加工机制可用分类—个性化模型、联结模型和整合模型来进行解释，下面将对这三类主要的模型进行详细介绍。

(一) 分类—个性化模型

根据分类—个性化模型 (the Categorization-Individuation Model, CIM), 社会感知者主要采取个性化 (individuation) 和社会分类 (social categorization) 这两种加工策略对他人进行感知判断, 即人们将他人视为个体 (个性化) 或作为社会群体的成员 (社会分类), 该模型也被称作双重加工模型 (Quinn & Macrae, 2005)。一方面, 人们采取个性化策略, 即将他人看作独特的个体, 主要基于观测来对他人的心理与行为进行预测与推断; 另一方面, 人们采取社会分类策略, 即将他人看作社会群体的成员之一, 主要基于所属的群体特征来对他人进行评价与判断 (Hugenberg et al., 2010)。

个性化分类是将一个类别中的样例加以区分的行为, 而社会分类是依据共享维度将样例分类为群体的行为 (Wong, Palmeri, & Gauthier, 2009)。相对而言, 社会分类过程是快速的、毫不费力的和自发的; 而个性化加工过程中, 感知者会付出更多的时间与努力。研究者表明社会认知者通常以个性化、抑或以社会分类的方式来对他人进行表征 (Gawronski et al., 2003)。

(二) 联结模型

与分类—个性化模型的双重加工不同, 联结模型 (connectionist models) 通常被认为是单一加工模型。根据联结模型, 社会感知受到人们所习得的联结网络心理表征激活的驱动, 这种联结网络可能源于前期直接或间接经验以及媒体影响等 (Dalege et al., 2016)。人们的联结网络中存在不同的节点, 每个节点表示一种社会表征，社会感知即这些不同节点的激活以及相互间的扩散和交互作用的动态加工过程（Freeman & Ambady，2011）。

社会认知的联结模型通常包括两个机制：学习机制和个人感知机制。其中，学习机制是认知系统通过外在刺激的输入形成内部表征的心理联结的过程；在个人感知机制中，感知者基于外在观察和内部知识网络联结共同形成对他人的感知评价（Thagard & Verbeurgt, 1998）。这与社会分类的具体样例模型（exemplar model）相似，即人们对于不同类别的知识是通过一系列记忆痕迹组成的，每一个痕迹表征的是一个特殊的样例或者特征，人们如何分类取决于目标对象激活了哪些特征范例的集合，通过范例的匹配来实现对于对象的分类（Smith & Zarate, 1990）。

（三）整合模型

克拉珀等人（2018）认为分类—个性化模型与联结模型并非对立的，而是相互兼容的，因此，研究者将两个模型加以整合，提出了社会认知的整合模型，即在联结模型的输入和输出的加工过程中，分类—个性化模型的个性化信息和社会分类信息是不同类型的输入与输出。具体而言，在整合模型中，可以将社会分类模型的个性化和社会分类作为联结模型的两种不同类型的节点，一种类型的节点主要被群体成员（社会类别）所激活，另一种类型的节点则由独特个体（样例）所激活。因此，在个人感知过程中，就存在社会类别和样例两种不同类型节点的激活、输入、扩散和输出等加工过程。那么两种类型的节点在习得的联结网络中的结构位置可能存在系统差异，在影响个人感知时可能存在分离。

整合模型的观点与社会分类的混合模型类似，即人们对于分类的表征过程中同时存在抽象概念为基础的原型模型加工过程和以特征集合为基础的具体样例模型加工过程。

四 社会分类的作用

社会分类作为社会认知的必经之路，对人类的生存适应和发展具有重要价值，不仅有助于简化信息，促进思维决策，而且也是人际交往和互动的润滑剂。

首先，社会分类有助于人们简化信息。

社会分类作为减少、压缩和简化操作规则的重要手段与策略，通过将新的人或事物放进熟悉的"旧盒子"实现了将纷繁复杂的关系网络和多样化信息属性等简化为条分缕析的类别，将复杂的客观世界建构为简单的世界，促进对世界的感知与理解。

其次，社会分类有利于人们的思维决策。社会认知的分类研究不仅在于理解个体的思考，而且也有利于我们对个体分类后的群体的思考，分类成为理解人们思维和推理决策等的一个基本问题。总体而言，将各种信息刺激和样例等加以归类，使用类别知识来进行思维和归纳推理是人类认知的重要能力之一。社会分类使得人们将分类后的同类成员视为重要的、不变的、具有相似性的特质或要求，这一自发类化的过程与行为有利于人们在新情境中快速进行思维并做出决策判断。

最后，社会分类促进人际交往与互动。

社会分类是人们日常生活经验的基础，通过创建认知与社会秩序有助于促进人际交往与互动。在人际交往互动中，一方面，基于观察者的视角，其基本目标是通过抽象提取关键要素和简化他们所使用的类别来更好地理解周围的环境,例如人们通常采用性别、种族和年龄等这些基本社会维度来对交往对象进行感知、组织和判断,满足了人们降低不确定性的需要;另一方面,基于行动者的视角,根据自我分类理论和社会认同理论,人们会自动地将自我和他人归类为内外群体并进而影响到随后的社会心理与互动行为(如合作与竞争)。

参考文献

汪新建、程婕婷等(2014),《解析群际偏见——基于刻板印象内容模型的认知神经研究》,《广东社会科学》,第3期,第173—180页。

温芳芳、佐斌(2019),《社会分类的概念、线索及影响机制》,《心理科学》,第42卷第2期,第141—147页。

张凯莉、张琴等(2017),《面孔识别过程中多重社会亚范畴的交互作用》,《心理科学进展》,第25卷第11期,第1955—1963页。

佐斌、温芳芳等(2019),《社会分类的特性、维度及心理效应》,《心理科学进展》,第27卷第1期,第145—152页。

Dalege, J., Borsboom, D., Van Harreveld, F., Helma, V. D. B., Conner, M. & Van, d. M. H. L. J. (2016). Toward a formalized account of attitudes: the causal attitude network (can) model. *Psychological Review*, *123*(1), 2–22.

Deaux, K. (2012). Categories we live by. Wiley, Shaun (Ed); Philogène, Gina (Ed); Revenson, Tracey A. (Ed). (2012). *Social categories in everyday experience.*, (pp. 205–217). Washington, DC.

Ehret, P. J., Monroe, B. M. & Read, S. J. (2014). Modeling the dynamics of evaluation: a multilevel neural network implementation of the iterative reprocessing model. *Personality & Social Psychology Review*, *19*(2), 148.

Eller, A., Abrams, D. & Koschate, M. (2017). Can stateways change folkways? Longitudinal tests of the interactive effects of intergroup contact and categorization on prejudice. *Journal of Experimental Social Psychology*, *72*, 21–31.

Fiske, S. T. & Neuberg, S. L. (1990). *A continuum of impression formation, from* category-based to individuating processes: Influences of information and motivation on attention and interpretation. In M. P. Zanna (Ed.), Advances in experimental social psychology (Vol. 23) (pp. 1–74). New York, NY: Academic Press.

Forsman, J. A. & Barth, J. M. (2017). The effect of occupational gender stereotypes on men's interest in female-dominated occupations. *Sex Roles*, *76*(7–8), 460–472.

Freeman, J. B. & Ambady, N. (2011). A dynamic interactive theory of person construal. *Psychological Review*, *118*, 247–279.

Gamond, L., Tallon-Baudry, C., Guyon, N., Lemaréchal, J. D., Hugueville, L. & George, N. (2012). Behavioral evidence for differences in social and non-social category learning. *Frontiers in psychology*, *3*, 291–303.

Gawronski, B., Ehrenberg, K., Banse, R., Zukova, J. & Klauer, K. C. (2003). It's in the mind of the beholder: the impact of stereotypic associations on category-based and individuating impression formation. *Journal of Experimental Social Psychology*, *39*(1), 16–30.

Hélie, S. & Cousineau, D. (2015). Differential effect of visual masking in perceptual categorization. *Journal of Experimental Psychology: Human Perception and Performance*, *41*(3), 816–825.

Hinzman, L. & Maddox, K. B. (2017). Conceptual and visual representations of racial categories: Distinguishing subtypes from subgroups. *Journal of Experimental Social Psychology*, *70*, 95–109.

Hugenberg, K., Young, S. G., Bernstein, M. J. & Sacco, D. F. (2010). The categorization-individuation model: An integrative account of the other-race recognition deficit. *Psychological Review*, *117*(4), 1168–1187.

Kang, S. K. & Bodenhausen, G. V. (2015). Multiple identities in social perception and interaction: Challenges and opportunities. *Annual Review of Psychology*, *66*(1), 547–574.

Klapper, A., Dotsch, R., Rooij, I. V. & Wigboldus, D. H. J. (2018). Social categorization in connectionist models: a conceptual integration. *Social Cognition*, *36*(2), 221–246.

Klapper, A., Dotsch, R., Rooij, I. & Wigboldus, D. (2017). Four meanings of "categorization": A conceptual analysis of research on person perception. *Social and Personality Psychology Compass*, *11*(8), e12336.

Liberman, Z., Woodward, A. L. & Kinzler, K. D. (2017). The Origins of Social Categorization. *Trends in Cognitive Sciences*, *21*(7), 556–568.

Master, A., Markman, E. M. & Dweck, C. S. (2012). Thinking in categories or along a continuum: Consequences for children's social judgments. *Child development*, *83*(4), 1145–1163.

McGarty, C. (1999). *Categorization in Social Psychology*. London, GB: SAGE Publications Ltd.

Otten, S. (2016). The Minimal Group Paradigm and its maximal impact in research on social categorization. *Current Opinion in Psychology*, *11*, 85–89.

Philogène, G. E. (2012). Understanding social categories: An epistemological journey. Wiley, Shaun (Ed); Philogène, Gina (Ed); Revenson, Tracey A. (Ed). *Social categories in everyday experience.*, (pp.31–43). Washington, DC.

Quinn, K. A. & Macrae, C. N. (2005). Categorizing others: the dynamics of person construal. *Journal of Personality & Social Psychology*, *88*(3), 467–79.

Smith, E. & Zarate, M. (1990). Exemplar and prototype use in social categorization. *Social Cognition*, *8*(3), 243–262.

Stolier, R. M. & Freeman, J. B. (2017). A neural mechanism of social categorization. *Journal of Neuroscience*, *37*(23), 5711–5721.

Thagard, P. & Verbeurgt, K. (1998). Coherence as constraint satisfaction. *Cognitive Science*, *22*(1), 1–24.

Wilson, J. P., Remedios, J. D. & Rule, N. O. (2017). Interactive Effects of Obvious and Ambiguous Social Categories on Perceptions of Leadership: When Double-Minority Status May Be Beneficial. *Personality and Social Psychology Bulletin*, *43*(6), 888–900.

Wong, C. N., Palmeri, T. J. & Gauthier, I. (2009). Conditions for facelike expertise with objects: becoming a ziggerin expert—but which type? *Psychological Science*, *20*(9), 1108–1117.

儿童青少年的情绪社会化

丁如一[*]

摘　要：儿童青少年阶段是情绪社会化的关键时期。本文从四个方面对儿童青少年情绪社会化进行介绍：情绪社会化的概念和研究脉络、情绪社会化中不可忽视的文化的作用、开展本土化研究的重要性、未来的研究方向。家庭是儿童青少年情绪社会化的起点和最重要的社会化主体，但是非家庭环境中的社会化主体如教师、同伴和社交媒体等也会对儿童青少年的情绪发展产生影响。不同文化背景和价值观念会影响人们对情绪的认知、表达和调节方式，这种文化差异也会影响儿童青少年的情绪社会化过程。目前，关于中国（包括华裔）儿童青少年情绪社会化的研究多集中在父母情绪教养方面，我国和西方父母情绪教养的差异可以从方式和特征、频率和程度、功效和影响三个层面进行归纳。情绪社会化领域的研究对于儿童青少年的情绪发展和心理健康都具有深远的影响，情绪社会化的过程十分复杂，需要更多跨学科学者的加入研究行列。

关键词：儿童青少年；情绪社会化；家庭；文化

---

[*] 作者简介：丁如一，中山大学心理学系副教授，硕士生导师。研究领域为儿童青少年社会情感能力发展。Email：dingry7@mail.sysu.edu.cn。

情绪在我们日常生活中扮演着重要角色,不仅是我们情感体验的核心,而且也是我们适应社会环境和与他人交流的关键因素。因此,情绪能力(Emotional Competence,也称为情绪功能)是心理学界关注的焦点之一。在过去的几十年中,关于情绪能力的大量的实证研究表明,良好的情绪能力可以促进个体的身心健康和社会适应能力。然而,个体之间在情绪能力方面的差异也引起学者们的关注。为什么有些人情绪能力高,而有些人情绪能力低呢?研究者们认为,这种差异可以从社会化(Socialization)的角度来解释。从广义上来说,社会化主要指人类学习和继承各种社会规范、传统和价值观等社会文化元素,并逐渐适应于所处的文化环境的过程(Maccoby,2007)。在情绪领域,学者们提出情绪社会化(Emotion Socialization)的概念——强调个体在特定的社会文化环境中,学习和掌握情绪知识和技能的过程(Cole & Tan,2015;Eisenberg,2020;胡瑞等,2017;梁宗保等,2012)。情绪社会化是一个贯穿个体生命周期的过程,但是儿童和青少年阶段是个体情绪能力发展的关键时期,因此该阶段情绪社会化的重要性更加凸显,备受研究者们关注。

一 情绪社会化:概念和研究脉络

在个体社会化的过程中,被社会化的个体(例如需要习得技能的孩子)被称为社会化客体(Objects of Socialization),而对被社会化的个体产生重要影响的人或者事物(例如父母、教师、媒体等)则被称为社会化主体(Agents of Socialization)。社会化的过程是个体作为社会化客体与社会化主体的互动来实现的。

家庭通常被认为是个体社会化开始的地方,也是最重要的社会化主体。关于情绪社会化的系统研究始于20世纪末至21世纪初对父母情绪教养（Parental Emotion Socialization[①]）的研究，即父母和孩子的情感沟通和互动过程是如何塑造孩子的情绪发展的。其中最具标志性的是Nancy Eisenberg和她的同事于1998年在《心理学探究》（*Psychological inquiry*）发表的关于父母情绪教养的理论综述（Eisenberg et al., 1998）。该理论综述将父母情绪教养归纳为三个层面：一是父母在家庭环境中的情绪表达，二是父母如何回应孩子的情绪，三是父母如何与孩子讨论情绪。后期，随着对情绪社会化研究的深入，研究者们开始关注儿童和青少年情绪发展是如何受到非家庭环境中的社会化主体的影响的，例如学校环境中的教师和同伴（Denham et al., 2022；Valiente et al., 2020）、社交媒体（故事绘本）（Chentsova-Dutton et al., 2021；Ding, He, et al., 2021）。但是值得注意的是，在情绪社会化领域，对家庭环境之外的其他社会化主体（例如学校、媒体等）如何影响儿童青少年情绪发展的探究仍处于起步阶段，未来需要更多深入细致的研究。

二 情绪社会化中不容忽视的视角——文化

社会化的目标是培养个体能够适应社会文化环境所需要的知识和技能。在情绪社会化的过程中，情绪是核心，是培养目标。情绪的文化普遍性和差异性决定了情绪社会化也与文化紧密相关。

关于情绪和文化的研究，最早可追溯到20世纪60年代达尔

[①] Parental Emotion Socialization可直译为父母情绪社会化。由于"父母情绪社会化"这一翻译并不能很清晰地阐释该构念的定义，因此本文作者建议将其意译为"父母情绪教养"。

文（Darwin）的研究工作。达尔文在他所著的《人类和动物的表情》(*The Expression of Emotion in Man and Animals*) 一书中，提出了情绪进化的理论，认为情绪及其表达方式是在物种间进化而来的，在进化上具有适应性，在生物学上是天生的，在所有人类甚至灵长类动物中都具有普遍性（Matsumoto, 2001）。虽然达尔文的研究具有深远的影响，但是后期学者对达尔文的情绪观点普遍持批判态度。当代心理学界秉持的主流的观点是情绪同时具有跨文化普遍性和差异性。例如，愤怒、厌恶、害怕、悲伤和惊讶是人类共有的基本情绪，但是对这些情绪的表达规则却因文化而异（Matsumoto et al., 2008）。实际上，过往研究发现，文化普适性和差异性体现在情绪能力的不同维度上，包括情绪体验、表达、调节和理解等（Ford & Mauss, 2015; Kitayama et al., 2000）。

Markus 和 Kitayama（1991）提出的"个体主义—集体主义"是衡量文化的重要维度，也是目前用来理解情绪的文化差异性的最通用的理论框架。Markus 和 Kitayama（1991）认为，不同文化群体对于自我、他人以及二者的关系有不同的理解。更重视个体主义的文化（以欧洲、美国等西方国家为代表）强调关注自我、欣赏自己与他人的不同以及维护自我的重要性，而相对来说，更注重集体主义的文化（以东亚地区为代表，包括中国、日本、韩国等）更强调关注他人、社会交往以及和谐的人际关系。情绪对自我和社会互动都有重要影响，因此两种不同的文化体系会形成关于情绪的不同的看法、观念和社会规范。例如，个体主义文化注重情绪的表达，认为表达情绪有助于身心健康、增强人际回应和互动；而集体主义文化更强调控制情绪（表达抑制），认为控制好自己的情绪更有助于人际和谐（Butler et al., 2007; Ford &

Mauss, 2015)。还有研究发现，相对于集体主义文化，个体主义文化中的群体更喜欢感受高唤起的情绪（例如兴奋、热忱）(Lim, 2016; Tsai, 2007)。

像大多数心理学领域的研究一样，情绪社会化的研究起步于西方，初期的研究大都以西方（如欧洲、美国）群体为研究样本。直到2007年前后，学者们才开始关注到情绪社会化的文化差异。随着越来越多证据证明文化差异的存在，学者们开始重视并倡导结合个体所处的社会文化环境来探究和理解情绪社会化。

整体上，学者们主要依据 Markus 和 Kitayama（1991）提出的"个体主义—集体主义"文化模型，来比较个体主义和集体主义文化中情绪社会化的异同。一些学者通过实证研究来探究情绪社会化过程中的文化差异，例如中国父母在家庭环境中的情绪表达，父母对孩子的情绪在不同文化下是否有差异，在特定的文化群体中，有哪些文化理念会影响到父母的情绪教养（Camras et al., 2008; Chan, 2012; Tao et al., 2010）。另外，一些学者通过综述性论文来系统总结文化在情绪社会化中的作用（Cole & Tan, 2015; Yang & Wang, 2019）。值得强调的是，学者 Vaishali V. Raval 于2019年提出了情绪社会化—文化模型（Raval & Walker, 2019），该模型对文化是如何在情绪社会化的各个环节发挥作用进行了梳理，是目前最具概括性和系统性的阐释文化与情绪社会化关系的模型。

三 开展本土化儿童青少年情绪社会化的重要性

在过去的20年中，一些中国学者和对中国文化感兴趣的西方学者对中国（包括华裔）儿童青少年情绪社会化的过程进行了探究，并与西方进行了比较研究。目前，有关中国（包括华裔）儿童青少年情绪社会化的研究主要集中在父母情绪教养方面。因此，以父母情绪教养为例，我们可以将中国和西方父母情绪教养的差异总结为以下三个方面（详见表1）。

表 1　　　　　　　　中西方父母情绪教养的文化差异

文化差异概况	举例阐释
方式和特征	基于西方家庭提出的情绪教养的理论和模型，没有囊括我国父母的典型方式和特征	例如在中国、印度等集体主义文化中，父母在面对子女的消极情绪时经常给予说教式的回应（比如，让孩子反思、让孩子向其他人学习），但是这种回应方式在早期以个体主义文化（如欧美）为样本的研究中未被发现（Chan et al., 2009; Ding, He, et al., 2021; Hofmann et al., 2016）
频率和程度	西方父母与我国父母在情绪教养行为的频率和程度上存在差异	相对于欧美父母，中国父母面对子女的消极情绪会作出更多非支持性的反应（Camras et al., 2008; Fiorilli et al., 2015）
功效和影响	同样一种情绪教养行为，在不同的文化群体中对儿童发展有不同的功效和影响	父母轻视和否认子女的负面情绪会损害孩子的情绪表达能力，鼓励表达有助于孩子的情绪应对和社交能力发展；而这两种情绪教养对中国孩子的适应性没有预测作用（Raval et al., 2018; Tao et al., 2010）

在过去的几年，本课题组也在中国儿童和青少年情绪社会化这个领域进行了一些研究探索。例如，在表1的第一个层面——方式和特征，我们提出了一个理论框架，探讨了当青少年有负面情绪时，父母和青少年进行交流的模式（"当青少年有负面情绪时，父母和青少年如何进行交流?"）（Ding, He, et al., 2022）。该理论框架对父母和青少年交流模型进行侧写,提出三种模式——主动和被动性分享、父母不询问、孩子不回应。通过因素分析，我们的研究结果支持了该理论模型，并且表明三种交流模式可以

有效预测青少年内在情绪问题（例如抑郁和焦虑）。该理论框架不仅对情绪教育的现有理论进行了拓展，而且可以从家庭教育的角度，为预防青少年内在情绪问题提供干预方向。

需要注意的是，个体主义和集体主义的文化倾向是相对而言的，城市地区的文化相对于乡村地区的文化更倾向于个体主义。因此，城市和乡村地区的文化差异也可能会导致情绪社会化的差异。在另一个研究中，我们对比了我国城市和乡村家庭母亲的情绪表达和青少年情绪能力之间的关系（Ding, Bi, et al., 2021）。结果表明，城市地区的母亲比乡村地区的母亲在家庭中表达的积极情绪（开心、自豪、同理等）更多、消极—支配型情绪（带有敌意和攻击性的情绪，如愤怒、轻视、指责）更少（表1中第二个层面——频率和程度）。同时，我们的研究还发现，母亲的情绪表达和青少年情绪能力之间的关系也存在地区差异（表1中第三个层面——功效和影响）。

此外，我们还探究了中国父母对青少年负面情绪的回应方式和青少年自杀倾向之间的关系（Ding, Wu, et al., 2022）。虽然在该研究中我们没有比较不同的文化群体（例如中国和美国），但是我们的研究结果也为表1的第三个层面——功效和影响——提供了证据支持。具体而言，虽然父母对子女负面情绪的回应方式——"轻视和否认"（例如告诉孩子没什么大不了、认为孩子太小题大做了）在西方被认为是一种消极的教养方式，我们发现"轻视和否认"与中国孩子自杀倾向之间没有显著关系。这个研究发现与前人对中国家庭的研究一致（Raval et al., 2018；Tao et al., 2010），进一步支持了情绪教养性行为的功效和影响应考虑其独特的文化环境的观点。

四　未来的研究方向

儿童青少年情绪能力对个体适应性（如有效地面对成长过程中的挑战、促进身心的全面协调发展）至关重要。因此，情绪社会化是学生心理健康发展的重要抓手，也是符合教育规律、体现时代特征、全面推进素质教育的重要突破口。情绪社会化的过程是复杂的，因此该领域的发展，需要不同学科方向的研究者的加入，包括发展与教育心理学、社会心理学、临床与咨询心理学、测量心理学和生物心理学等。

在研究情绪社会化的过程中，文化的视角是不可或缺的。前期的研究表明以西方群体为样本得出的研究结论，并不完全适用于中国家庭。因此非常有必要开展关于儿童青少年情绪社会化的本土化研究，为促进儿童青少年情绪能力发展提供科学指导。虽然学者们已经对中国（包括华裔）儿童青少年情绪社会化进行了一些初步探索，但是还有许多问题值得进一步探究。

首先，文化是一个多层次、多维度的概念，对于情绪社会化的影响也是十分复杂。需要对文化进行操作性定义，并进行量化的评估和测量，才能更好地理解文化和情绪社会化之间的关系。Markus 和 Kitayama（1991）提出的"个体主义—集体主义"文化模型对于我们理解文化和情绪社会化关系有重要意义，但是也有学者认为该模型对文化维度的考量过于单一（Oyserman，2006）。未来研究需要进一步关注文化的其他维度，特别是与情绪密切相关的文化因素（比如我们的文化中与情绪有关的价值观念），以更全面地了解文化对情绪社会化的影响。另外，将具有典型文化特征的国家和地区进行对比（例如西方与东方）是常用的反映文化差异的方法，但是应用这种方法的前提是学术界已经对所对比的国家（或地区）在文化的某个维度上是存在显著差异的达成了共识，例如亚洲地区更注重集体主义而欧美地区更注重个体主义是被学术界普遍认可和接受的。需要注意的是，即使在同一地区或国家内部，不同的子群体也可能存在文化差异（Oyserman et al., 2002），例如我们国家的城市地区和农村地区（Greenfield, 2009）、美国不同的族裔（如美国原住民、非裔美国人、亚裔美国人以及拉丁裔美国）（S. H. Chen & Zhou, 2019; Kim et al., 2023）等。此外，在个体与个体之间，文化倾向也是有差异的（Tsai et al., 2002）。举例来说，即使都是居住在我国城市地区，有的人可能更个体主义、有人可能更集体主义。将文化倾向视为一种个体特质来进行测量，可以更好地了解个体与文化之间的关系，进一步探讨文化对情绪社会化的影响。总结来说，我们可以进一步关注内部文化因素以及个体层面的文化倾向对情绪社会化的影响。此外，随着社会的变迁，情绪社会化也会发生变化，出现新的特征和挑战。例如，随着信息技术的发展和社交媒体的广泛应用，人们的情绪表达和接受方式也在不断发生变化。因此，了解这些新的特征和挑战，以及它们对个体和社会的影响，对于促进探究情绪社会化非常重要。

其次，从社会化主体的角度，现有的关于中国（包括华裔）儿童青少年情绪社会化的研究大都聚焦父母情绪教养，而对其他社会化主体的研究还相对较少，需要进行深入探索。以下是一些可能值得探究的方向：在我们的文化中，祖父母在养育孙辈（特别是学龄前儿童）中扮演着重要角色。祖父母在儿童青少年社会情感能力发展过程中起着什么样的作用呢？随着我国多子女政策的实施，兄弟姐妹如何影响儿童青少年情绪社会化的过程？学校是学龄期孩子重要的社会化场所，但是学校老师和同学又是如何影响儿童青少年社会情感能力的发展呢？此外，儿童青少年常用的社交媒体、应用程序和网站，这些数字媒体和应用程序在儿童青少年情绪社会化中扮演着什么样的角色？在其他社会化主体的研究上，我们的研究团队以儿童故事绘本为切入点，进行了一些初步的探索。故事绘本作为儿童情感功能社会化的重要教育工具，通常涵盖丰富的与情绪相关的内容。我们近期开展的一项研究对中国和美国流行的故事绘本中关于情绪的内容进行了对比，发现不同文化的故事绘本在不同的情绪维度上（例如情绪词汇的使用、情绪事件的描述、情绪调节方式的呈现等）均存在文化差异（Ding，He，et al.，2021）。然而，目前关于故事绘本在情绪社会化中的角色和作用的研究仍处于初步阶段，仍有许多问题需要深入探讨。

再次，儿童和青少年并不是外界信息的被动接受者，他们在其情绪社会化过程中起着积极的作用。但是已经开展关于情绪社会化的研究大都从社会化主体（如父母）出发，关注社会化主体如何影响儿童青少年情绪的发展，很少有研究关注儿童青少年自身在其情绪社会化的作用。了解儿童青少年自身在其情绪社会化中的作用，有助于我们更准确地把握社会化主体和社会化客体之间的情绪作用机制，进而为优化儿童青少年情绪社会化提供科学依据。举例来说，我们在前文提到，父母对子女负面情绪的回应方式——"轻视和否认"（例如告诉孩子没什么大不了、认为孩子太小题大做了）——在西方被认为是一种消极的教养方式，而与中国孩子的发展指标之间没有显著关系（Raval et al.，2018；Tao et al.，2010）。但是近期有研究发现，即使在西方国家，父母对子女负面情绪的回应方式——"轻视和否认"对孩子的影响也并不总是消极的——父母"轻视和否认"孩子的负面情绪对于容易过度反应的儿童（如焦虑或者有攻击性的孩子），是一种有益的教养方式，因为这些孩子需要学会降低自己的情绪反应强度和表达方式（Bardack & Obradović, 2017; Viana et al., 2016）。正如拟合度理论（The Principle of Goodness of Fit）所强调的，外界环境（例如文化和父母教养方式）需要与孩子的发展特点和需求所匹配，才能更好地促进孩子身心发展（Dong et al., 2022）。从儿童和青少年自身视角出发来探究他们如何与外界环境互动共同塑造情绪能力发展的，也是未来重要的研究方向。

最后，情绪社会化的研究需要多学科、多方法的交叉和融合。在测量方式上，目前该领域的研究以问卷调查为主，还有部分研究采用访谈、观察等实质性研究的方法，也有小部分研究观测了情绪社会化过程中的生理指标。未来可以从研究方法的角度进行创新，融入多学科的视角，探究情绪社会化的动态发展过程。此外，如何将学术成果转化为有效的应用成果，以推动儿童和青少年的情绪发展，也是未来研究的重点之一。在国际上，一些学者已经开始开展情绪社会化方面的干预研究。考虑到情绪社会化的方式和功效因文化而异，如何结合中国文化特点，设计有效的干预方案来提高我国儿童青少年的情绪能力发展，也是一个重要的研究方向。

期待与国内学术同人共同努力，在情绪社会化领域开展高质量的学术研究，为促进我们儿童青少年情绪能力发展做出贡献！

参考文献

胡瑞、梁宗保、张光珍、邓慧华 (2017),《情绪教养视角：父母元情绪理念与儿童心理社会适应》,《心理科学进展》, 第 25 卷第 4 期, 第 599—608 页。

梁宗保、张光珍、陈会昌、张萍 (2012),《父母元情绪理念,情绪表达与儿童社会能力的关系》,《心理学报》,第 44 卷第 2 期, 第 199—210 页。

Bardack, S. & Obradović, J. (2017). Emotional Behavior Problems, Parent Emotion Socialization, and Gender as Determinants of Teacher-Child Closeness. *Early Education and Development*, 28(5), 507–524.

Butler, E. A., Lee, T. L. & Gross, J. J. (2007). Emotion regulation and culture: Are the social consequences of emotion suppression culture-specific? *Emotion*, 7(1), 30–48.

Camras, L., Kolmodin, K. & Yinghe Chen. (2008). Mothers' self-reported emotional expression in Mainland Chinese, Chinese American and European American families. *International Journal of Behavioral Development*, 32(5), 459–463.

Chan, S. M. (2012). Links between Chinese mothers' parental beliefs and responses to children's expression of negative emotions. *Early Child Development and Care*, 182(6), 723–739.

Chan, S. M., Bowes, J. & Wyver, S. (2009). Parenting style as a context for emotion socialization. *Early Education and Development*, 20(4), 631–656.

Chen, S. H. & Zhou, Q. (2019). Longitudinal relations of cultural orientation and emotional expressivity in Chinese American immigrant parents: Sociocultural influences on emotional development in adulthood. *Developmental Psychology*, 55(5), 1111–1123.

Chentsova-Dutton, Y., Leontyeva, A., Halberstadt, A. G. & Adams, A. M. (2021). And they all lived unhappily ever after: Positive and negative emotions in American and Russian picture books. *Emotion*, 21(8), 1585–1598.

Cole, P. M. & Tan, P. Z. (2015). Emotion Socialization from a cultural Perspective. In J. E. Grusec & P. D. Hastings (Eds.), *Handbook of socialization: Theory and research* (pp. 499–519). Guilford Press.

Denham, S. A., Mortari, L. & Silva, R. (2022). Preschool Teachers' Emotion Socialization and Child Social-Emotional Behavior in Two Countries. *Early Education and Development*, 33(5), 806–831.

Ding, R., Bi, S., Luo, Y., Liu, T., Wang, P., He, W. & Ni1, S. (2021). Mothers' emotional expressivity in urban and rural societies: salience and links with young adolescents' emotional wellbeing and expressivity. *Development and Psychopathology*, 1–17.

Ding, R., He, W. & Wang, Q. (2021). A Comparative Analysis of Emotion-Related Cultural Norms in Popular American and Chinese Storybooks. *Journal of Cross-Cultural Psychology*, 52(2), 209–226.

Ding, R., He, W., Wang, Q. & Qi, Z. (2022). Communicating emotional distress experienced by adolescents between adolescents and their mothers: Patterns and links with adolescents' emotional distress. *Journal of Affective Disorders*, 298, 35–46.

Ding, R., Wu, N., Tang, S., Liu, T., Li, W. & Ni, S. (2022). Relations between parental response to children's negative emotions and suicidal ideation in chinese adolescents: Internalizing problems, emotion regulation, and perceived relationship quality with parents as mediators. *Journal of Affective Disorders*, 301, 205–216.

Dong, S., Dubas, J. S. & Deković, M. (2022). Revisiting goodness of fit in the cultural context: Moving forward from post hoc explanations. *Child Development Perspectives*, 16(2), 82–89.

Eisenberg, N. (2020). Findings, issues, and new directions for research on emotion socialization. *Developmental Psychology*, 56(3), 664–670.

Eisenberg, N., Cumberland, A. & Spinrad, T. L. (1998). Parental Socialization of Emotion. *Psychological Inquiry*, 9(4), 241–273.

Fiorilli, C., De Stasio, S., Di Chicchio, C. & Chan, S. M. (2015). Emotion socialization practices in Italian and Hong Kong-Chinese mothers. *SpringerPlus*, 4(1).

Ford, B. Q. & Mauss, I. B. (2015). Culture and emotion regulation. *Current Opinion in Psychology*, 3, 1–5.

Greenfield, P. M. (2009). Linking social change and developmental change: Shifting pathways of human development. *Developmental Psychology*, 45(2), 401–418.

Hofmann, S. G., Carpenter, J. K. & Curtiss, J. (2016). Interpersonal emotion regulation questionnaire (IERQ): Scale development and psychometric characteristics. *Cognitive therapy and research*, 40(3), 341–356.

Kim, Y., Williams, A. I., Liu, C. & Zhou, Q. (2023). Dynamic associations between emotion expressions and strategy use in Chinese American and Mexican American preschoolers. *Emotion*, *23*(2), 460-472.

Kitayama, S., Markus, H. R. & Kurokawa, M. (2000). Culture, Emotion, and Well-being: Good Feelings in Japan and the United States. *Cognition & Emotion*, *14*(1), 93-124.

Lim, N. (2016). Cultural differences in emotion: differences in emotional arousal level between the East and the West. *Integrative Medicine Research*, *5*(2), 105-109.

Maccoby, E. E. (2007). Historical overview of socialization research and theory. In J. E. Grusec & P. D. Hastings (Eds.), *Handbook of socialization: Theory and research* (pp. 13-41). New York, NY: Guilford Press.

Markus, H. R. & Kitayama, S. (1991). Culture and the self: Implications for cognition, emotion, and motivation. *Psychological Review*, *98*(2), 224-253.

Matsumoto, D. (2001). *Culture and emotion*. In D. Matsumoto (Ed.), The handbook of culture and psychology (pp. 171-194). New York: Oxford University Press.

Matsumoto, D. Seung Hee Yoo, & Fontaine, J. (2008). Mapping Expressive Differences Around the World. *Journal of Cross-Cultural Psychology*, *39*(1), 55-74.

Oyserman, D. (2006). High Power, Low Power, and Equality: Culture Beyond Individualism and Collectivism. *Journal of Consumer Psychology*, *16*(4), 352-356.

Oyserman, D., Coon, H. M. & Kemmelmeier, M. (2002). Rethinking individualism and collectivism: Evaluation of theoretical assumptions and meta-analyses. *Psychological Bulletin*, *128*(1), 3-72.

Raval, V. v., Li, X., Deo, N. & Hu, J. (2018). Reports of maternal socialization goals, emotion socialization behaviors, and child functioning in China and India. *Journal of Family Psychology*, *32*(1), 81-91.

Raval, V. v. & Walker, B. L. (2019). Unpacking 'culture': Caregiver socialization of emotion and child functioning in diverse families. *Developmental Review*,

51, 146–174.

Tsai, J. L., Chentsova-Dutton, Y. & Wong, Y. (2002). Why and how we should study ethnic identity, acculturation, and cultural orientation. In G. Hall, & S. Okazaki (Eds.), *Asian American psychology: Scientific innovations for the 21st century*. Washington, DC: American Psychological Association

Tao, A., Zhou, Q. & Wang, Y. (2010). Parental reactions to children's negative emotions: Prospective relations to Chinese children's psychological adjustment. *Journal of Family Psychology*, *24*(2), 135–144.

Tsai, J. L. (2007). Ideal Affect: Cultural Causes and Behavioral Consequences. *Perspectives on Psychological Science*, *2*(3), 242–259.

Valiente, C., Swanson, J., DeLay, D., Fraser, A. M. & Parker, J. H. (2020). Emotion-related socialization in the classroom: Considering the roles of teachers, peers, and the classroom context. *Developmental psychology*, *56*(3), 578.

Viana, A. G., Dixon, L. J., Stevens, E. N. & Ebesutani, C. (2016). Parental Emotion Socialization Strategies and Their Interaction with Child Interpretation Biases Among Children with Anxiety Disorders. *Cognitive Therapy and Research*, *40*(5), 717–731.

Yang, Y. & Wang, Q. (2019). Culture in emotional development. In V. LoBue, K. Perez-Edgar, & K. Buss (Eds.), *Handbook of emotional development* (pp. 569–593). Cham, Switzerland: Springer.

跨文化视角下的社会心理本质主义

徐以安 *

摘　要：分类概念是人类认知的基本特征。在社会认知领域，人们常常直觉性地认为社会群体是基于某种内在的、不变的生理"本质"而决定，这种相同的内在本质使得群体内部成员具有高度一致性的特征。然而，现有的心理学研究主要集中在西方发达国家语境下描述心理本质主义，缺乏在其他文化样本，尤其是东亚文化样本下的考察。本文从跨文化的视角出发，对什么是社会心理本质主义，以及社会心理本质主义在中美成人和儿童样本中的表现进行了简要阐述和对比。

关键词：心理本质主义；社会群体；跨文化；认知发展

社会分类在社会心理与行为过程中具有重要意义。在日常生活中，人们常常基于社会分类形成社会印象、进行社会评价、制定社会决策。许多社会刻板印象都与社会分类有关：比如性别

---

* 作者简介：徐以安，美国肯尼索州立大学心理学系助理教授、美国东北大学心理学系博士，纽约大学心理系博士后。研究领域为心理本质主义的早期发展与跨文化差异，及其在生物教育、社会认知、刑事司法犯罪及精神障碍诊断等领域的应用。Email: yxu11@kennesaw.edu。

（男生擅长数理化，女生擅长外语或艺术）、种族（黑人犯罪率高，亚洲人缺乏领导力）、国籍（中国人喜欢抱团，美国人以自我为中心）以及地域（东北人莽撞好斗，上海人精明算计）等。对不同社会群体（主要是外群体）形成的刻板印象往往导致严重的社会偏见和群体性歧视，加剧社会族群割裂，不利于社会和谐。因此，研究人们如何形成社会分类概念，并以此对社会群体成员做出社会判断，对探索反刻板印象的有效干预路径具有重要的指导意义。

一 什么是心理本质主义

发展认知心理学家在20世纪80年代提出了"心理本质主义"理论（psychological essentialism; Medin & Ortony, 1989），用以描述人们对于分类概念的认知体系。心理本质主义包含了一系列相互关联的假设，但都围绕以下这一基本观点：分类概念基于某种内在的本质，这种本质常常是隐含的、无法被直接观察的，但正是这样的本质决定了个体是否从属于某个群体的属性。早在古希腊时期，哲学家亚里士多德（Matthews, 1990）即已提出对于某项事物而言，有些表征是与其本质相关联的（essential attributes），而其他表征则是边缘化的（accidental attributes）。与早期的哲学思辨不同，当代社会认知心理学家主要着眼于探讨人们如何在主观世界中形成各式各样的分类概念，以及这些分类概念对于心理过程与行为的影响，而非这样的分类是否反映了客观实际。举例来说，社会认知心理学家关心人们在头脑中如何判断一只老虎是老虎，不同于猫；而非老虎与猫是否在客观世界中真正地属于两种截然不同的自然物种（后者主要是生物学家的工作）。

仍然以老虎为例，心理本质主义理论提出，人们常常直观性地认为老虎之所以是老虎，是因为其具有某种内在本质（"老虎性"），这种本质决定了一只老虎在出生时就是老虎，即便它在出生时并不具备通常的老虎特点，比如老虎幼崽尚未长出黑黄相间的花纹，看起来也还不怎么凶猛，但随着时间，它一定会慢慢发展出所有老虎都共同具备的群体属性。出生时即已具备的本质，也不会因为时间的推移而改变：一只老虎永远也不可能变成狮子，或其他任何物种。即使通过某些特别的手术将其表面的特征更改了，它的内在本质仍不会改变（Gelman，2003；Medin & Ortony，1989）。与早期关于分类概念的经典理论（如样本理论或原型理论；Medin & Schaffer，1978；Rosch & Mervis，1975）不同，心理本质主义理论强调的是中心特征与边缘特征之间的等级架构与因果关系，即越内在的特征越具有中心属性（或更接近于"本质"），越外在的特征则越边缘化；分类属性由事物的内在本质决定，而与外在表面的特性无关（Ahn et al.，2000）。

二 心理本质主义思维的发展

心理本质主义在建立之初多被用以讨论人们对于生物种类（如动植物）的分类认知，而后也被应用到考察人们对于社会群体概念的理解。有些学者提出，心理本质主义是一种具有领域普适性（domain-general）的基本认知框架，儿童最先通过其认识生物世界，而后将这一认知模式扩展到对社会群体的理解。其他学者则认为，心理本质主义并非先天固有的认知模块，而是儿童在认知发展过程中慢慢形成的一系列相互关联的直觉性思维体系。因此，心理本质主义具备多元性，其不同侧面的形成与发展（如本质的天然性、不变性，以及群体内部的同质性）可能受到不同认知偏好及文化情境的影响。

已有的文献表明，心理本质主义在许多不同的文化情境下均存在（如美国、巴西、土耳其、以色列、北爱尔兰、马达加斯加、印度、蒙古、墨西哥的玛雅部落以及北美的印第安部落等；Astuti et al., 2004; Atran et al., 2001; Davoodi et al., 2020; Diesendruck et al., 2013; Gil-White, 2001; Mahalingam, 2003; Smyth et al., 2017; Sousa et al., 2002）。心理本质主义思维不仅在低龄的儿童被试中就已显现（3—5岁），部分动物心理学家认为心理本质主义在灵长类动物中也已表现出了某种早期形式（如美属波多黎各群岛上的成年恒河猴依据食物的内在部分而非外在部分判断食物的味道；Phillips et al., 2010），据此从进化心理学角度主张心理本质主义的发展先天性（innateness）。假设心理本质主义确实是一种具备进化意义的认知机制，那么它应当具有一定程度的文化普适性。然而，这是否意味着心理本质主义不会收到文化情境的影响？我们从跨文化的视角对中美成人及儿童的心理本质主义思维进行了一系列的文化比较研究，揭示了心理本质主义思维在不同文化情境下的表现特点及其早期发展路径。

首先，我们对比了中美成人被试对于社会群体的本质主义思维（Coley et al., 2019）。我们在前人研究的基础上改编了社会本质主义思维量表（Haslam et al., 2000），该量表包含六项子问题，分别测量成人被试对于社会群体的天然性（naturalness）、特征必要性（necessity）、不变性（immutability）、同质性（uniformity）、内在性（inherence）以及可用信息量（informativeness）六个方面的本质主义思维强度。被试们针对每一个社会群组（如性别、国籍、贫富、职业、地域、宗教等，共计21项分类）进行了以上六个方面的评分（9点量表，9分表示最高的社会本质主义思维倾向，1分表示最低的社会本质主义思维倾向）。因子分析测试的结果显示本质主义评分可归于两大因素：天然性、特征必要性和不变性共同指向关于社会群体天然性的本质主义认知（naturalness beliefs），而同质性、内在性和可用信息量共同指向关于社会群体内在统一性的本质主义认知（cohesiveness beliefs，or kind beliefs）。这项二元架构与前人的单文化样本结果一致，并且在中美成人被试两个样本中均成立，验证了社会心理本质主义内在结构的跨文化效度。

其次，我们在因子分析的基础上合并了前三项与后三项指标，计算出了每位被试针对每个社会大类在天然性和统一性两个维度上的平均评分。我们发现，在本质主义的第一个维度上（天然性），美国成人被试比中国成人被试的得分更高，更倾向于认为社会群体的划分是天然形成、不可改变的。而在本质主义的第二个维度（统一性）上，中国成人被试则比美国成人被试的得分更高，更倾向于认为社会群体成员之间具备共同一致的特征。

那么，这样的群体心理差异是如何形成的呢？我们认为，这可能与中美社会的传统文化体系有关。西方社会强调个人主义文化价值观，突出个体差异与个体性。在这样的文化语境下，人们更有可能认为个体的行为由个体内部的因素决定（Morris & Peng，1994），而这种因素往往可能是天生的、不变的。与之相较，传统东亚社会则强调集体主义文化价值观，个体需遵循各自的社会角色或其从属的社会身份行事。在东亚文化社会语境下，人们更可能注意到个体的行为如何受到外界环境或社会群体规则的影响。因此，东亚社会被试一方面认可群体内部成员的行为具有高度一致性，另一方面也认识到这种群体一致性主要是受到外界社会环境的制约，而非个体先天形成。基于这样的理论假设，我们开展了进一步的实证探究，发现个人主义价值观调和了本质主义思维在天然性维度上的群体差异，而集体主义价值观调和了本质主义思维在统一性维度上的群体差异（Coley et al., 2019; Xu et al., 2022）。这一最新的实证数据揭示了文化价值传统与社会本质主义思维之间可能存在的关联。

在成人研究的基础上，我们进一步对比了中美3—6岁幼儿的早期本质主义思维表现形式（Xu et al., in prep.）。我们从已有文献中改编了五项实验范式，用以测量儿童对于生物和社会分类的本质主义思维（分类天然性、不变性、客观性、统一性以及因果解释）。研究结果表明，除了因果解释这一任务在理论和实证两方面都存在模棱两可的情况，其余四项任务可归于两大因素：其中，分类天然性和不变性构成第一大因素，客观性和统一性构成第二大因素。这项二元结构与成人样本的结果大体对应（注意两项研究采取的实验范式和材料并不相同），突出了本质主义思维的多维度特征。更为重要的是，我们发现文化情境对于不同维度本质主义思维的发展路径体现出不同的影响。例如，在天然／不变性维度上，中国幼儿的本质主义思维随年龄减少；而美国幼儿的本质主义思维则随年龄上升。反之，在客观统一性维度上，中国幼儿的本质主义思维随年龄增长，而美国幼儿的本质主义思维则没有变化（Xu et al., in prep.）。文化情境对于本质主义思维发展的差异性影响主要体现在幼儿对社会分类的理解方面，而在生物分类的领域并不明显。结合成人样本的结果，幼儿样本的发现再次提示了社会文化价值体系（如东亚社会的集体主义价值观与西方个人主义价值观）对于社会本质主义思维早期形成与发展路径的可能影响。

三 中国语境下的应用意义及未来研究方向

作为社会心理学家,我们为什么要研究本质主义思维?它在现实生活中有什么应用意义?尽管本质主义的概念最早在哲学范畴内提出,但最近二三十年来,其被广泛应用于社会心理学、认知心理学、发展心理学等领域,对我们理解和描述儿童和成人如何认识生物及社会分类提供了一项重要的理论框架。大量实证研究表明,社会本质主义思维与一系列负面的社会行为息息相关——社会偏见、社会歧视、社会隔离、社会不公,以及社会群体的污名化、刻板印象、群体矛盾,等等(Bastian & Haslam, 2006; Haslam, 2017; Mandalaywala et al., 2017; Roberts et al., 2017; Williams & Eberhardt, 2006)。归根结底,尽管本质主义思维作为一种思维捷径,对人类发展早期的生存和学习可能具备一定程度的进化功能(Barrett, 2001),但在现代社会文明中,本质主义思维绝对化看待社会群体的边界,否定社会群体内部的多样性,拒绝以发展的眼光看待个体特征与身份的可变换性,既不科学客观,也不利于社会群体间的交往与和谐。

从实证心理学的角度更加深入地探究社会心理本质主义在不同文化情境下的表现,将有利于我们更好地理解心理本质主义的内在机制,掌握本质主义思维的早期发展规律。当前国际学界关于心理本质主义的研究大量集中于西方样本(如美国、欧洲等),极度缺乏来自西方发达国家以外的,尤其是来自东亚社会的文化样本。在中国社会文化语境下研究社会本质主义思维,在积极推进社会心理学理论探索、提高心理学在社会生活中的实践价值两个层面都具有格外重要的意义。在理论层面,增加来自中国文化样本下的心理本质主义实证证据,能极大地扩展心理本质主义的研究样本范围，帮助心理学家更好地考察心理本质主义的起源，及其如何在不同社会文化因素的影响下发展和表达。在实践应用层面，对于社会心理本质主义早期发展路径、个体差异等方面的深入研究，将有利于我们探索有效减少本质主义思维的干预机制，减少基于地域、职业、年龄、外貌、性别、国籍等各种社会身份带来的刻板印象、歧视与污名化（包诗钺等，2023；温芳芳、佐斌，2019），促进以人为本、尊重个体，更好地建设社会主义和谐社会。

参考文献

包诗钺、张靖、冀月欣、胡小勇 (2023)，《社会本质主义对偏见的影响及其机制》，《心理科学进展》，第 31 卷第 6 期，第 1068—1077 页。

温芳芳、佐斌 (2019)，《社会分类的概念、线索与影响机制》，《心理科学》，第 42 卷第 2 期，第 395—401 页。

Ahn, W. K., Kim, N. S., Lassaline, M. E. & Dennis, M. J. (2001). Causal Status as a Determinant of Feature Centrality. *Cognitive Psychology*, *41*, 361–416. doi: 10.1006/cogp.2000.0741.

Astuti, R., Solomon, G. & Carey, S. (2004). Constraints on conceptual development. A case study of the acquisition of folkbiological and folksociologial knowledge in Madagascar. *Monographs of the Society for Research in Child Development*, *69*, 1–161. https://doi.org/10.1111/j.0037-976X.2004.00296.x.

Atran, S., Medin, D., Lynch, E., Vapnarsky, V., Ek', E. U. & Sousa, P. (2001). Folkbiology doesn't come from folkpsychology: Evidence from Yukatek Maya in cross-cultural per- spective. *Journal of Cognition and Culture*, *1*, 3-42. https://doi.org/10.1163/156853701300063561.

Barrett, H.C. (2001). On the functional origins of essentialism. *Mind & Society*, *2*, 1–30. https://doi.org/10.1007/BF02512073.

Bastian, B. & Haslam, N. (2006). Psychological essentialism and stereotype endorsement. *Journal of Experimental Social Psychology*, *42*(2), 228–235.

Coley, J., Feeney, A., Xu, Y., Cohen-Pilat, M., Eidson, R. C., Smyth, K., Wen, F. & Bin, Z. (2019). A two-component framework captures cross-cultural similarities and differences in essentialist thinking about social categories. *PsyArXiv*. https://doi.org/10.31234/osf.io/jbg4r.

Davoodi, T., Soley, G., Harris, P. & Blake, P. (2020). Essentialization of Social Categories Across Development in Two Cultures. *Child Development*, *91*(1), 289–306. https://doi.org/10.1111/cdev.13209.

Diesendruck, G., Goldfein-Elbaz, R., Rhodes, M., Gelman, S. & Neumark, N. (2013). Cross-cultural differences in children's beliefs about the objectivity of social categories. *Child development*, *84*(6), 1906–1917. https://doi.org/10.1111/cdev.12108.

Gelman, S. A. (2003). *The essential child: Origins of essentialism in everyday thought*. Oxford University Press, USA.

Gil-White, F. J. (2001). Are Ethnic Groups Biological "Species" to the Human Brain? *Current Anthropology*, *42*(4), 515–553. https://doi.org/10.1086/321802.

Haslam, N., Rothschild, L. & Ernst, D. (2000). Essentialist beliefs about social categories. *British Journal of Social Psychology*, *39*(1), 113–127. https://doi.org/10.1348/014466600164363.

Mahalingam, R. (2003). Essentialism, Culture, and Power: Representations of Social Class. *Journal of Social Issues*, *59*(4), 733–749.

Matthews, G, B. (1990). Aristotelian Essentialism. *Philosophy and Phenomenological Research*, *50*, 251–62. https://doi.org/10.2307/2108042.

Medin, D. L. & Ortony, A. (1989). Psychological essentialism. In S. Vosniadou & A. Ortony (Eds.), *Similarity and analogical reasoning* (pp. 179–195). Cambridge University Press. https://doi.org/10.1017/CBO9780511529863.009.

Medin, D. L. & Schaffer, M. M. (1978). Context theory of classification learning. *Psychological Review*, *85*, 207–238.

Murphy, G. L. & Medin, D. L. (1985). The role of theories in conceptual coherence.

Psychological Review, *92*(3), 289–316. https://doi.org/10.1037/0033-295X.92.3.289.

Morris, M. W. & Peng, K. (1994). Culture and cause: American and Chinese attributions for social and physical events. *Journal of Personality and Social Psychology*, *67*(6), 949–971. https://doi.org/10.1037/0022-3514.67.6.949.

Phillips, W., Shankar, M. & Santos, L. R. (2010). Essentialism in the absence of language? Evidence from rhesus monkeys (Macaca mulatta). *Developmental science*, *13*(4), F1–F7. https://doi.org/10.1111/j.1467-7687.2010.00982.x.

Rosch, E. & Mervis, C.B. (1975). Family Resemblances: Studies in the Internal Structure of Categories. *Cognitive Psychology*, *7*(4), 573–605.

Roberts, S. O., Ho, A. K., Rhodes, M. & Gelman, S. A. (2017). Making Boundaries Great Again: Essentialism and Support for Boundary-Enhancing Initiatives. *Personality and Social Psychology Bulletin*. https://doi.org/10.1177/0146167217724801.

Smyth, K., Feeney, A., Eidson, R. C. & Coley, J. D. (2017). Development of essentialist thinking about religion categories in Northern Ireland (and the United States). *Developmental Psychology*, *53*(3), 475–496. https://doi.org/10.1037/dev0000253.

Sousa, P., Atran, S. & Medin, D. (2002). Essentialism and folkbiology: Evidence from Brazil. *Journal of Cognition and Culture*, *2*(3), 195–223. https://doi.org/10.1163/15685370260225099.

Williams, M. J. & Eberhardt, J. L. (2008). Biological conceptions of race and the motivation to cross racial boundaries. *Journal of Personality and Social Psychology*, *94*(6), 1033–1047. https://doi.org/10.1037/0022-3514.94.6.1033.

Xu, Y., Wen, F., Zuo, B. & Rhodes, M. (2022). Social essentialism in the United States and China: How social and cognitive factors predict within- and cross-cultural variation in essentialist thinking. *Memory Cognition*. https://doi.org/10.3758/s13421-022-01306-1.

Xu, Y., Wang, M., Moty, K. & Rhodes, M. (*in prep*). The Developmental, Cultural, and Cognitive Origins of Essentialist Beliefs. OSF: osf.io/e8g69.

Content and Abstract

The People-centered Orientation of Social Psychological Construction in the New Era

ZUO Bin

Abstract: Social psychological construction is a systematic practice to maintain and promote individual mental health, social peace of mind, social stability and happiness, and national and Cultural identity. The construction of a social psychological service system is the fundamental aspect of social psychological construction. The construction of a Chinese characteristic social psychological service system is an exploration of Chinese characteristic social psychological construction. Guided by Xi Jinping Thought on Socialism with Chinese Characteristics for a New Era, Social psychological construction in the new era must uphold the people's position, reflect the people's orientation, have the people in mind, rely on the people in action, and benefit the people.

Keywords: New Era, Social Psychological Service System, Social Psychological Construction, People-centered Orientation

Both the Cold Reasoning and Warm Feelings Provide Social Psychology a Strong Foundation

ZHANG Jianxin

Abstract: The study of social psychology is driven by the dual forces of scientific reason and humanistic reason. Scientific reason "objectifies" people, thereby extracting "human subjectivity" from the person himself as so to make subject (person of the study) like an material object; While humanistic reason strives to pull human subjectivity back into the object of study, so that man is no longer just a determined object under the influence of biological, social and cultural factors, but an active, dynamic and vivid person who creates his own life with joy, anger and sorrow and rushes to the chosen goal. Humanistic rationality can provide a broad space for innovation in the scientific model system of social psychology about its boundary conditions and regulatory mechanisms, and in such a way, make social psychology and other social sciences more psychological. Therefore, social psychologists should not only learn and master scientific theories and scientific methods, but also expand their humanistic knowledge and horizons; Moreover, in the process of research, it is necessary not only to pay attention to frosty rationality, but also to be full of warm humanistic feelings, that is, to truly enable social psychology to make tangible contributions to the well-being and happiness of Chinese people.

Keywords: Social Psychology, Scientific Reason, Humanistic Reason, Humanistic Feelings, Boundary Conditions and Regulation Mechanisms of "Reason" Person Model

Realistic Thinking and Phenomenological Thinking in Social Psychology Research: Methodology Inspiration of Gestalt Psychology

XIN Ziqiang

Abstract: In order to establish an independent knowledge system, social psychology in China needs to take social reality as a starting point and focus on the discovery and interpretation of social psychological phenomena. To achieve this goal, researchers should have good realistic thinking and phenomenological thinking, rather than just posing questions based on Western literature and using variable thinking to solve those "the other's" problems. The unique realistic thinking and phenomenological thinking methods that Gestalt psychology has ever created or used, especially the phenomenological experimental methods, are of great significance for the independent innovation of current social psychology.

Keywords: Social Psychology, Independent Knowledge System, Phenomenology Experiment, Gestalt Psychology

Theoretical Construction of Good and Evil Personalities in Chinese Culture and Related Research Thinking

JIAO Liying , XU Yan

Abstract: The study of good and evil personalities is a fundamental research area within personality psychology, and plays an important role as the foundation of human nature and morality. Breaking away from the previous unidimensional perspective which only focuses on positive or negative moral characters, the study of good and evil personalities explores the psychological mechanisms of both dimensions through a dual-dimensional perspective. The research established the basic concepts of good and evil personalities, uncovered the four-factor structure of both good and evil personalities, and proposed the hierarchy theory of traits based on the perspective of social assessment. Furthermore, the research also put forward the interaction effect between good/evil personality and situational factors. Studying good and evil personalities contributes to the innovation and development of related theories, and also provides empirical support for addressing problems in social practice.

Keywords: Good and Evil Personalities, Chinese Culture, Hierarchy of Traits, Personality Theory, Personality Structure

Construction of Mentality Order from the Perspective of Social Mentality Research

WANG Junxiu

Abstract: Social mentality is a concept proposed by Chinese scholars to address the social-psychological changes brought about by economic reforms. Fei Xiaotong believed that his previous research efforts in improving people's livelihoods focused only on the ecological aspect while neglecting the psychological aspect. His concept of mentality refers to the overall physiological, psychological, conscious, and spiritual state exhibited by a group. He advocates for studying mentality from the perspectives of anthropology and sociology, aiming to establish a mentality order that encompasses both micro-level interpersonal relationships and macro-level interactions among ethnic groups and nations. This article suggests that the construction of a mentality order can be achieved not only through the cultivation of social mentality but also through governance in various social contexts.

Keywords: Social Mentality, Mentality Order, Cultural Consciousness

The Psychological Path for Building Chinese National Community

GUAN Jian

Abstract: Strengthening the awareness of the Chinese national community is the main line of the Party's ethnic work in the new era. How to approach the great cause of building the Chinese national community from a psychological perspective and enhance the grand narrative of the Chinese national commonality is the focus of this study. Based on the psychological path to reinforce a sense of community of the Chinese nation, we hope to deeply explore the micro solutions and concrete psychological paths in the grand national policy system, to provide a micro perspective for reinforcing the grand narrative of the community of the Chinese nation.

Keywords: Chinese National Community, Commonality, Psychological Path

Chinese Emotion Regulation and Social Sharing

HUANG Miner

Abstract: The thesis demonstrates Chinese basic processes of emotion regulation from intrapersonal & interpersonal perspectives. Intrapersonal regulation, e.g., expressive suppression, cognitive reappraisal, and proper voicing may interact synergistically in Chinese cultural modality. *Zhongyong thinking* felicitates social adaptation and individual well-being mediated by emotion regulative flexibility. In social sharing of emotion, relationship relevance, sense of self, responsiveness, et. Al., may affect the effects of interpersonal emotion regulation.

Keywords: Cognitive Reappraisal, Expressive Suppression, Social Sharing of Emotion, *Zhongyong Thinking*

Lingering Fragrance Effect: Reflection on the Self-Incentive Mechanism of Altruistic Behavior

XIE Xiaofei, LOU Yu

Abstract: Altruistic behavior not only brings benefits to recipients, but has positive impacts on the helpers' physical and psychological well-being. Helpers initiated the altruistic behavior and benefited from it. This self-incentive effect of altruistic behavior for helpers themselves was named the *Lingering Fragrance Effect*. We analyzed altruistic behavior in China and presented a series of research evidence on the Lingering Fragrance Effect, that is, the effect of altruistic behavior to enhance warmth perception, reduce physical burden, and alleviate physical pain. Altruistic behavior stimulates psychological resources, thereby generating immediate and internal positive feedback on the physiological system. In other words, the mechanism of the Lingering Fragrance Effect lies in people's mind-body interaction. The Lingering Fragrance Effect has important implications for coping with crisis and has positive impacts on self-management of the older people.

Keywords: Lingering Fragrance Effect, Altruistic Behavior, Mind-Body Interaction, Self-Incentive Effect

The Chinese Animal Stereotypes and the Warmth Priority Effect

ZUO Bin, ZHANG Tianran, WEN Fangfang, LIN Yuntao

Abstract: Animals play an extremely important role in human evolution and life. The relationship between human and animals is an important and complex field of human activities, which is worthy of extensive attention and exploration. Traditional stereotype content model take human groups as the object, while recently some foreign researchers try to apply it to animals. However, cultural differences exist in people's perception of animals. So what is content of animal stereotypes in the context of Chinese culture? Does warmth priority effect exist in animal stereotype? Furthermore, can the warmth priority effect be extended to the interaction between human and animals. This study will focus on these issues. Based on the Stereotype Content Model(SCM), this study investigated the animal stereotype content model and the priority effect of warmth in Chinese culture. Through nomination and trait word assessment, we obtained four stereotypes of 25 animals in study 1a, which were high warmth-low competence cluster (such as chicken and pig), low warmth-high competence cluster (such as tiger and lion), high warmth-high competence cluster (such as dog and cat) and low warmth-low competence cluster (such as snake and mouse). In Study 1b, we obtained and evaluated human groups which were associated with these four kinds of animal stereotype clusters. It was found that there was a compatibility of Evaluation between human groups and animals which belong to the same animal stereotype cluster on warmth and competence evaluation. Study 2a uses word frequency analysis to prove the warmth priority effect of animal stereotypes. In Study 2b, the warmth priority effect of animal stereotypes was explored by using the semantic paradigm of classical Affect Misattribution Procedure(AMP). The results showed that animal stereotype's warmth primacy effect existed. In Study 3, It is found that people have more positive emotional feelings and more positive promotion behaviors towards highly warm animals. In general, this study further tested the applicability of the stereotype content model in taking "animal" as social cognitive object, the existence of the warmth priority effect in animal perception and interaction with animals.

Keywords: Animal Stereotype, Stereotype Content Model, the Warmth Priority Effect, Affect Misattribution Procedure

The Left-Behind Flowers: The Status, Thinking and Strategy of social adaptation in left-behind children.

CUI Lijuan , ZHAO Tong

Abstract: The left-behind children are a special group in the background of the unbalanced development of urban and rural areas and the transfer of rural labor force to cities in our country. Over the years, under the care of the state and society, the living conditions of left-behind children have greatly improved. However, the long-term separation from parents makes left-behind children have more social adjustment problems. In this study, emotional adjustment, self-evaluation, interpersonal relationship, and academic adjustment are the basic components of left-behind children's social adjustment, from the individual, family, school, social four levels of the impact of left-behind children on social adaptation factors were analyzed. The promotion of the social adaptation of left-behind children can be carried out from the following points: individual emphasis on psychological education to promote the development of left-behind children's coping style; To improve the school atmosphere, improve the quality of educational resources for left-behind children; to reverse the social climate in society, to help the community integration of left-behind children. Only the joint efforts of many parties can provide effective guarantee for solving the problem of left-behind children's social adaptation.

Keywords: Left-Behind Children, Social Adaptation; Affect Control; Core Self-Evaluation; Peer Relationship; Study Adaptation

Research and Trends in Social Aging

LU Minjie

Abstract: Aging psychology draws more and more attention globally. Research has found that aging affects individual's cognition, emotion, and behavior in social settings. In addition, individual's social behaviors are affected by the particular cultural and social situation. Hence, research on how the cultural and national situation in China may shape aging processes and older adults' social behaviors will have theoretical and practical implications for dealing with the challenges brought by population aging.

Keywords: Older Adults, Aging, Social Psychology, Culture

Birds of a Feather Flock Together: Social Categories and Roles
WEN Fangfang

Abstract: As an important foundation of social cognition, social categorization is a process and psychological strategy of psychological representation, differentiation and discrimination, organization and construction, also a key to human adaptation. Due to the complexity of the basis and dimensions of categorization, the purposes and tasks of social categorization itself are also different. The cognitive processing of social categorization can be understood through categorization-individualization model, association model and integration model. Social categorization helps simplify information and facilitate thinking decision-making and interpersonal and interaction.

Keywords: Social Categorization, Dimension, Social Adaptation, Processing Mechanisms, Intergroup Relationships

Emotional Socialization of Children and Adolescents
DING Ruyi

Abstract: Childhood and adolescence are critical developmental stages for emotional socialization. This article provides an overview of emotional socialization in children and adolescents, addressing four aspects: the concept and research trends of emotional socialization, the cultural significance in emotional socialization, the importance of conducting localized research, and future research directions. While the family is the primary and most crucial socializing agent for emotional development in children and adolescents, non-familial agents such as teachers, peers, and social media also impact their emotional development. Individuals' cognitive processes, emotional expressions, and regulation techniques are shaped by diverse cultural backgrounds and values, resulting in unique emotional cultural patterns that have a significant impact on emotional socialization among children and adolescents. The bulk of research on emotional socialization in Chinese cultures (including Chinese Americans) has mainly centered on parental emotional socialization. Differences between emotional socialization in Chinese and Western parenting styles can be classified into three dimensions: style and feature, frequency and salience, and function and impact. Emotion socialization is a complex process that requires the involvement of interdisciplinary researchers. Studies in this field have far-reaching implications for the emotional development and psychological well-being of children and adolescents, but require a greater collaboration among experts from different disciplines.

Keywords: Children and Adolescents, Family, Emotion Socialization, Culture

A Cross-Cultural Examination of Social Essentialism

XU Yian

Abstract: Categorization is a fundamental feature of human cognition. In the social domain, people often intuitively believe that social categories are determined by an underlying, fixed "essence", which gives rise to uniform features among category members. However, the existing literature on social essentialist thinking has largely focused on the WEIRD (Western, Educated, Industrialized, Rich, and Democratic) population, with little evidence from the non-WEIRD samples, including East Asia. This article presents recent evidence comparing the manifestation of social essentialism in Chinese and American children and adults, and addresses the importance of examining social essentialism in a cross-cultural context.

Keywords: Social Essentialism, Social Group, Cross-Cultural, Cognitive Development

《中国社会心理研究》征稿启事

《中国社会心理研究》(Chinese Social Psychological Studies, CSPS)是中山大学心理学系主办的学术辑刊,发表社会心理学和相关学科的理论与应用研究创新成果。一年两卷,半年出版一卷。

《中国社会心理研究》聚焦当代中国社会心理与行为,以"**中国面向、人文情怀、专业思考**"为宗旨,以理论、实证和政策研究并重为特色,以传播中国社会心理学重要理论、重大实践、重点问题的创新成果为使命,助力形成社会心理研究的中国观点,提升中国社会心理学的国际影响。主要内容包括自我与人格、道德与情感、智慧与精神、印象与影响、社会化、人际互动、群体行为、社区心理、文化变迁、心理健康、社会心理建设等主题与领域的研究成果。设置"理论新探""社心观察""研究报告""青年论坛""名家对话"等栏目,按照每辑重点主题,栏目交替呈现。

《中国社会心理研究》由中山大学心理学系佐斌教授担任主编,中国社会科学出版社出版发行。《中国社会心理研究》实行匿名评审及三审定稿制度,聘请国内外知名学者担任审稿人。

所投文稿为电子版,需符合"《中国社会心理研究》投稿文章格式"。来稿请将电子版论文、作者信息页(WORD)投递至编辑部邮箱 E-mail: csps2022@126.com。

投稿时注意稿件正文隐去作者姓名、单位等个人信息,另外在"作者信息页"提供题目、姓名、单位、通信地址、电子邮件相关信息。编辑部在收稿3个月内反馈作者投稿论文的录用、修改或退稿意见。来稿刊用后将酌付稿酬并赠送2本样刊。稿酬中包含中国知网等数据库的收录稿酬，凡向本刊投稿，视为同意将论文收录于数据库。

诚挚欢迎海内外社会心理学研究人员及相关学科学者赐稿！

《中国社会心理研究》编辑部

2022年6月

《中国社会心理研究》投稿文章格式

1. 论文字数：正文以 4000—12000 字符为宜（不含参考文献、中英文摘要关键词、作者简介等）。

2. 论文标题：言简意赅，25 字以内。

3. 作者信息（投稿时隐去）：标题下署姓名。作者简介放在文章首页脚注（要求见第 11、12 条）。

4. 中文摘要与关键词：用第三人称表述，属于内容提要，突出核心观点。中文摘要 150—250 字。关键词 3—5 个。

5. 专用词语：名词、术语、标点符号必须符合国家标准；外文人名、地名和重要术语需译成中文（首次出现时标注外文）。

6. 数字图表：统计符号、数字和图表参照 APA 格式，图表要清晰。文中插图与表格放在相应正文之后，分别按出现顺序用图 1、图 2 或表 1、表 2 统一编号。插图序号标题及注释居中放在图的下方，表格序号及标题置于表格上方，表注放在表格下方。

7. 正文注释：对于非参考文献的说明性文字采用脚注格式，注释编号为①，②，③等，对应正文句尾用上标。控制脚注数量。

8. 标题体例：正文中标题层次格式：一级标题用"一"，居中；二级标题用"（一）"；三级标题用"1"。尽量不要超过三级标题。

9. 参考文献：引用他人文献，应在正文中加括号注明作者、出版年，详细文献出处作为参考文献列在文后。文献按作者姓氏第一个字母依 A-Z 顺序分中、外文两部分排列，中文文献在前，外文文献在后。参考文献格式如下：（1）中文图书：作者（出版年），《书名》，出版地：出版社，页码。（2）中文期刊：作者（出版年），《题目》，《期刊名》，第 X 卷第 X 期，第 XXX—XXX 页。卷号为选填。（3）英文参考文献采用 APA 格式。

10. 基金号（录用后补充）：论文成果如有项目或基金资助，在首页脚注中说明。

11. 作者简介：放在文章首页脚注，包括单位、职称、重要学术职务、研究领域、电子邮件等信息，不超过 40 字。

12. 英文信息（投稿时隐去姓名和单位）：题目、作者、单位、摘要和关键词，放在文章最后。摘要应简明扼要，正文单词 150—300 个。